언어장애 아동을 위한

감정표현 지도 프로그램

머리말

인간은 태어나는 순간부터 무수한 타인들과 관계를 맺으면서 살아간다. 사람들과의 상호작용 과정 속에서 우리는 상대의 표정, 목소리 톤, 몸짓, 어휘 선택과 관련한 정보를 종합함으로써 그들의 생각이나 감정을 유추하고 상대가 표현하고자 하는 의미를 보다 분명하게 파악하게 된다. 동시에 우리는 주변에서 일어나는 사회적 상황 파악능력과 사회적 인지능력도 함께 발달시켜 나간다.

반면 또래와의 상호작용 경험이 부족한 발달장애 아동은 타인의 감정을 읽고 대처하는 능력이 떨어지면서 사회적 문제 해결 능력과 상황판단에서 결함이 생겨 심각한 부적응 행동을 보인다. 또래와의 경험 부족은 상대의 감정을 이해하는 문제뿐만 아니라 어휘 사용에도 영향을 미친다. 내적 상태와 관련한 표현어휘들은 아동의 사회-인지적 능력과 함께 발달하는데, 사회성의 결함을 가진 발달장애 아동은 지적장애 아동과 일반 아동에 비해 그러한 어휘 사용 빈도가 낮고 유형 또한 단순하다. 따라서 발달장애 아동들은 심리적 상태의 추론이 필요한 과제에서 어려움을 보인다(Baron-Cohen, Leslie & Frith, 1986). 그림 자료를 이용한 이야기 말하기 과제의 경우, 일반 아동은 긍정적 정서(예 : 좋다, 재미있다)와 부정적 정서(예 : 울다, 심심하다) 표현 및 지각적 표현(예 : 맛있다, 예쁘다)을 고르게 발화하는 데 반해 발달장애 아동은 긍정적 정서 표현보다 부정적 정서 표현을 많이 사용하며 심리적 상태와 관련된 어휘의 다양도가 유의하게 낮은 것으로 나타났다(박현옥, 이소현, 2001).

감정은 습관적 행동 이외의 모든 지각에 뒤따르는 어떤 정신적인 상태를 의미하는 것으로 비의도적이고, 주관적이며, 대개의 경우 유쾌하거나 불쾌한 것으로 나타난다. 감정은 의도하지 않아도 일어난다는 점에서 의식적인 사고 및 사고의 작용인 인지와 구분되지만 감정 주체자의 지각이나 인지 단계를 거쳐서 발생한다. 감정이 주관적이라 함은 감정 주체자의 개인적인 경험이 서로 다르기 때문에 동일한 상황 내지 대상에 대한 반응 역시 다를 수 있다는 것을 뜻한다(김은영, 2005). 또한 감정은 가슴이 답답하거나 머리가 지끈거리는 것과 같은 신체적 변화와 밀접한 관련이 있다.

감정동사(emotion verb)는 감정을 표현하는 어휘를 말하는 것으로 학자에 따라서 심리동사, 심리술어, 느낌동사, 심리동사, 심리형용사, 평가동사, 자기판단동사 등의 다른 용어로 불린다. 이 책에서는 감정동사를 자신과 타인의 감정을 이해하고 심리적 및 생리적 면에서 감정을 유발시키는 형용사와 동사를 모두 포함하는 용어로 사용하였다. 김은영(2005)은 감정의 특징을 바탕으로 감정동사의 범위를 "나도 모르게 ~한 마음이 [생기다/들다]와 마음[이/에] ~한 상태의 검증 틀에 모두 적절한 어휘"로 규정하였다. 이 규정에 따라 김은영(2004)은 감정동사를 492개로 분류하였으며 이들 감정동사의 의미를 파악하는 것은 다른 사람의 생각, 믿음, 바람, 의도 등과 같은 마음상태를 추론하고 다른 사람이 한 말과 행동의 뜻을 이해하게 하여 원인적 사고 및 문제 해결능력에도 도움을 준다. 또한 감정동사의 사용은 언어구사 능력에 성숙을 가져온다.

이 프로그램은 감정동사의 의미 이해와 사용 기술이 부족하여 친사회적 행동을 형성하는 데 어려움이 있는 발달장애 아동들을 위해 개발되었다. 그리고 추상적인 어휘능력에 제한이 있는 지적장애, 청각장애, 언어학습장애 등을 동반한 아동에게도 유용하게 사용될 수 있다. 이 프로그램에서는 정서를 유발하는 여러 상황하에서 상대와 자신의 감정을 정확하게 이해하고 표현하는 기회를 통해 아동들이 자신과 타인의 감정에 대한 원인과 이유를 추론할 수 있게 구성하였다. 또한 이러한 논리적 사고는 그 속에서 일어나는 문제에 대한 긍정적이고 적극적인 태도를 가지는 데에 영향을 줄 것으로 기대된다.

누리언어발달센터에서 사용되던 자료들이 책으로 엮어져 나오기까지 많은 분들의 협조와 노력이 있었다. 늘 묵묵히 아이들을 위해 함께 자료를 만들고 정리하는 데 도움을 주셨던 조은영 선생님, 임정욱 선생님, 최선희 선생님에게도 감사의 말을 전한다. 그리고 삽화에서 인물들의 다양한 감정을 잘 살려주어 이 책을 보다 근사하게 꾸며준 이정주 일러스트레이터, 출판사와 저자들 사이에서 의견조율로 무사히 책이 출판될 수 있도록 힘써주신 (주)시그마프레스의 이호진 전무님께도 깊은 감사를 드린다. 한 권의 책이 이루어지기까지 얼마나 많은 사람들의 노고가 숨어 있는지 새삼 확인하면서 장애 아동들에게 좋은 지도서가 되길 기원한다.

2013년 초여름

저자 일동

프로그램 구성 및 활용 방법

이 프로그램에서 지도하는 42개의 감정동사는 김은영(2004)의 감정동사 목록에 포함되어 있으면서 초등 저학년 교과에서 사용되는 어휘들이다. 각 감정동사 어휘는 아동들이 가정, 학교, 공공장소에서 흔히 마주하는 사건과 상황 속에서 익히도록 하여 최대한 실생활에서 자연스럽게 여러 감정을 느끼고 표현할 수 있도록 하였다.

이 프로그램은 모두 세 단계로 이루어져 있는데, 1, 2단계의 줄거리 부분은 문어체로 기술하였고 1, 2단계의 질문과 3단계 전체 내용은 구어체로 기술하였다. 구어체로 기술된 문장에서는 자연스러운 표현을 위해 조사의 생략이나 축약형의 어휘들이 사용되었다. 이러한 구분은 이 프로그램을 통해 실제 의사소통 상황에 보다 가까운 감정표현을 유도할 수 있기를 바라는 저자들의 의도를 담은 것이다. 아동에 따라서, 그리고 치료사의 재량에 따라 다양한 방법으로 활용되기를 바란다. 각 단계별 구체적인 활용 방법은 다음과 같다.

1단계 감정동사 어휘 이해 단계

1단계에서는 치료사가 아동에게 지도하고자 하는 감정동사의 어휘 뜻을 간단하고 쉽게 설명해 준다. 그리고 한 장면 이야기 상황을 제시하면서 감정동사가 포함된 짧은 이야기를 들려준다. 그런 다음 이야기 내용에 대한 질문과 대답하기 과정을 통해 감정이 유발되는 원인과 결과를 추론하게 함으로써 감정동사 어휘를 이해하도록 한다.

2단계 감정동사 어휘 산출 단계

2단계에서는 네 장면 이야기 상황에서 1단계의 과정을 반복 연습한다. 1단계가 감정이 일어나는 상황과 감정동사 어휘를 이해하는 단계라면, 2단계에서는 상황에 맞는 감정동사 어휘를 직접 산출하도록 한다.

3단계 감정 표현 다양화 단계

마지막 3단계는 앞서 두 단계를 거쳐 감정동사 어휘를 익힌 아동이 특정 감정이 유발될 때 자신의 감정을 어떻게 표현해야 할지를 여러 가능한 예시 표현들을 통해 연습하는 단계이다. 치료사는 아동에게 1단계에서 사용된 한 장면 그림을 제시하고 이야기를 들려준 다음, 각 상황에서 다양하고 적절한 감정 표현들을 유도하도록 한다.

차례

- 걱정하다
  안심이 되지 않아 속을 태움 11
- 고맙다
  남이 베풀어 준 호의나 도움 따위에 대하여 마음이 흐뭇하고 즐거움 17
- 궁금하다
  무엇인가 알고 싶어 하는 마음 23
- 귀엽다
  예쁘고 곱거나 또는 애교가 있어서 사랑스러움 29
- 귀찮다
  마음에 들지 아니하고 괴롭거나 성가심 35
- 기쁘다
  마음이 즐거움 41
- 끔찍하다
  진저리가 날 정도로 참혹함 47
- 낯설다
  눈에 익숙하지 않음 53
- 놀라다
  뜻밖의 일로 가슴이 두근거리거나 무서움을 느낌 59
- 망설이다
  이리저리 생각만 하고 태도를 결정하지 못하여 머뭇거림 65
- 무섭다
  어떤 대상에 대하여 두려운 느낌이 있고 마음이 불안함. 두려움이나 놀라움을 느낄 만큼 성질이나 기세 따위가 몹시 사나움 71
- 미안하다
  다른 사람을 대할 때 마음이 편치 못하고 부끄러움 77
- 반갑다
  그리워하던 사람을 만나거나 원하는 일이 이루어져서 마음이 즐겁고 기쁨 83
- 부끄럽다
  일을 잘 못하거나 양심에 거리끼어 볼 낯이 없거나 매우 떳떳하지 못함 89
- 부럽다
  남의 좋은 일이나 물건을 보고 자기도 그런 일을 이루거나 그런 물건을 가졌으면 하고 바라는 마음 95
- 불쌍하다
  가엾고 애처로움 101
- 불편하다
  몸이나 마음이 편하지 아니하고 괴로움 107

- **불평하다**
마음에 들지 아니하여 못마땅하게 여김. 또는 못마땅한 것을 말이나 행동으로 드러냄 113

- **사랑하다**
누군가를 좋아하고 아끼며 소중히 여기는 마음 119

- **샘내(나)다**
남의 처지나 물건을 탐내거나,
자기보다 나은 처지에 있는 사람을 미워함 125

- **섭섭하다**
서운하고 아쉬움 131

- **속상하다**
마음이 불편하고 우울함 137

- **시원하다**
답답한 마음이 풀리어 흐뭇하고 가뿐함 143

- **신 나다**
어떤 일에 흥미가 있어 재미있고 즐거움 149

- **실망하다**
바라던 일이 뜻대로 되지 아니하여 마음이 몹시 상함 155

- **심술부리다**
남을 괴롭히거나 남이 잘못되도록 행동함 161

- **심심하다**
할 일이나 재미 붙일 데가 없어 시간 보내기가 지루하고 따분함 167

- **아깝다**
소중히 여기는 것을 잃어 섭섭하거나 서운함 173

- **아름답다**
보이는 대상이나 음향, 목소리 따위가 균형과 조화를 이루어 눈과 귀에 즐거움과 만족을 줄 만하거나, 하는 일이나 마음씨 따위가 훌륭함 179

- **안심하다**
모든 걱정을 떨쳐 버리고 마음을 편히 가짐 185

- **약 오르다**
비위가 상하여 언짢거나 은근히 화가 남 191

- **얄밉다**
말이나 행동이 약빠르고 미움 197

- **억울하다**
아무 잘못 없이 꾸중을 듣거나 벌을 받거나 하여 분하고 답답함 203

- **외롭다**
홀로 되거나 의지할 곳이 없어 쓸쓸함 209

- **욕심내다(부리다)**
분수에 넘치게 무엇을 탐하거나 누리고자 함 215

- **자랑하다**
자기 자신 또는 자기와 관계있는 사람이나 물건, 일 따위가 썩 훌륭하거나 남에게 칭찬을 받을 만한 것임을 드러내어 말함 221

- **재미있다**
아기자기하게 즐겁고 유쾌함 227

- **즐겁다**
마음에 거슬림이 없이 흐뭇하고 기쁨 233

- **지겹다**
재미없고 싫음 239

- **짜증 나다**
마음에 꼭 맞지 않아서 발칵 화가 남 245

- **행복하다**
생활에서 충분한 만족과 기쁨을 느끼어 흐뭇함 251

- **후회하다**
이전의 잘못을 깨치고 뉘우침 257

언어장애 아동을 위한

감정표현 지도 프로그램

걷정하다 안심이 되지 않아 속을 태움

줄거리 연정이는 유치원에 가야 하는데 갑자기 배도 아프고 머리도 아팠다. 그래서 어머니께 말씀드렸더니 어머니께서는 연정이가 많이 아프면 어떡하나 걱정하셨다.

질문

① 연정이는 **어디가** 아팠나요?

② 연정이는 아파서 **어떻게** 했나요?

③ 엄마는 **무엇을** 걱정했나요?

줄거리 지민이는 지난 주말에 할머니하고 친구들과 영화관에 가서는 영화를 보는 동안 시끄럽게 떠들었다. 그러자 할머니께서는 다른 사람들에게 방해가 될까 봐 걱정하시며 조용히 하라고 하셨다.

질문

① 지민이는 지난 주말에 **어디에** 갔나요?

② 지민이는 영화관에서 친구들하고 **어떻게** 했나요?

③ 할머니는 지민이의 목소리가 다른 사람들을 방해할까 봐 걱정이 되어 **어떻게** 했나요?

줄거리 내일은 영희네 반 아이들이 받아쓰기 시험을 치는 날이다. 영희 어머니께서는 영희가 0점을 받을까 봐 걱정이 되어 미리 받아쓰기 문제를 내어 보셨다.

질문

① 영희는 내일 **무슨** 시험을 쳐야 하나요?

② 영희네 반 아이들은 **언제** 받아쓰기 시험을 치나요?

③ 엄마는 영희가 0점 받을까 봐 걱정이 되어 **어떻게** 했나요?

줄거리 민수는 친구들과 모래 장난을 하면서 신나게 놀았더니 옷과 몸이 더러워졌다. 그래서 어머니께 혼날까 봐 걱정이 되었다.

질문

① 민수는 **무엇을** 하면서 놀았나요?

② 모래 장난을 해서 민수의 옷이 **어떻게** 됐나요?

③ 민수는 **무엇을** 걱정했나요?

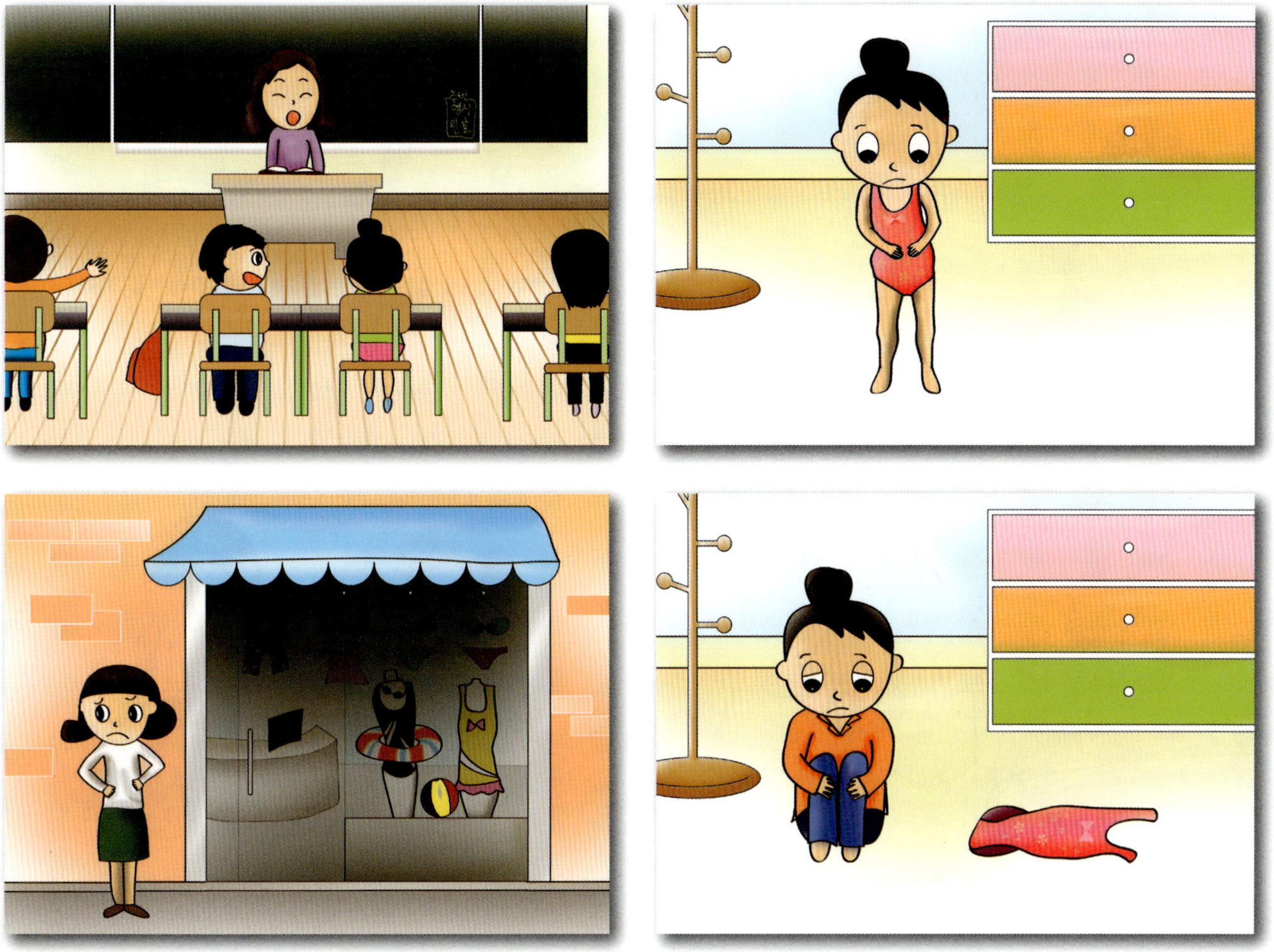

줄거리 서진이네 반은 내일 수영장으로 체험 학습을 간다. 그래서 서진이는 작년에 산 수영복을 꺼내 입어 보았는데 작아서 몸에 꽉 끼였다. 서진이는 어머니께 새 수영복을 사 달라고 부탁했지만 어머니께서는 저녁이라서 수영복을 살 곳이 없다고 하셨다. 서진이는 내일 수영장에 가서 수영복 때문에 아이들이 놀릴까 봐 걱정되었다.

질문

① 서진이는 내일 **어디에** 가나요?

② 서진이는 **무엇을** 걱정하고 있나요?

③ 서진이는 아이들이 놀릴까 봐 **어떤 마음이** 들었나요?

줄거리 형진이는 오늘 아침에 서둘러 오느라고 미술 준비물을 챙겨 오지 못하였다. 그래서 미술 시간에 선생님께 혼날까 봐 걱정이 되었다. 다행히 짝 미진이가 색종이와 스케치북 한 장을 빌려 주어서 선생님께 혼나지 않았다.

질문

① 형진이는 **무엇을** 안 가져왔나요?

② 형진이는 **왜** 미술 준비물을 챙기지 못했나요?

③ 형진이는 미술 준비물을 챙기지 않아 선생님한테 혼날까 봐 **어떤 마음이** 들었나요?

바꾸어 쓸 수 있는 표현

연정이가 유치원에 가야 하는데 갑자기 배도 아프고 머리도 아프다고 했어요. 연정이 엄마는 연정이가 아파서 걱정될 때 어떻게 말할까요?

표현하기

병원 가야 할까?
많이 아프면 어떻게 하지?
연정이가 아프다니 걱정이네.

지민이가 할머니하고 친구들이랑 영화관에 갔는데 영화를 보면서 친구들하고 떠들었어요. 할머니는 지민이가 떠들어서 다른 사람들한테 방해가 될까 봐 걱정될 때 어떻게 말할까요?

표현하기

얘들아, 조용히 해.
너희들 계속 떠들면 쫓겨날 거야.
옆 사람한테 방해될까 봐 걱정이다.

바꾸어 쓸 수 있는 표현

내일은 영희네 반 아이들이 받아쓰기 시험을 치는 날이에요. 영희 엄마는 영희가 0점 받을까 봐 걱정될 때 어떻게 말할까요?

표현하기

엄마랑 미리 공부 좀 하자.
0점 받으면 안 되는데 걱정이다.
너 이러다가 0점 받으면 어떻게 할래?

민수가 친구들하고 모래 장난을 하면서 놀았더니 옷과 몸이 더러워졌어요. 민수는 옷이랑 몸이 더러워서 엄마한테 혼날까 봐 걱정될 때 어떻게 말할까요?

표현하기

엄마한테 혼날까 봐 걱정이네.
엄마한테 혼나겠다. 얼른 씻어야지.
옷이 너무 더러워졌네. 엄마한테 혼나면 어쩌지?

고맙다 남이 베풀어 준 호의나 도움 따위에 대하여 마음이 흐뭇하고 즐거움

줄거리 지영이는 인형이 없었는데, 수정이 집에 놀러 갔더니 수정이가 인형 한 개를 주면서 가지라고 하였다. 지영이는 인형을 준 수정이에게 고마웠다.

질문

① 지영이는 **누구** 집에 놀러갔나요?

② 수정이는 지영이한테 **무엇을** 줬나요?

③ 지영이는 수정이한테 **왜** 고마웠나요?

줄거리 민주가 도넛을 가져와서 수철이에게 나누어 주었다. 수철이는 마침 배가 고팠는데 민주가 도넛을 주니 정말 고마웠다.

질문

① **누가** 수철이한테 도넛을 줬나요?

② 민주는 수철이한테 **무엇을** 줬나요?

③ 수철이는 민주한테 **왜** 고마웠나요?

줄거리 영미는 필통을 안 가져와서 노트에 필기를 할 수 없었다. 그런데 짝 규빈이가 그것을 알고 영미에게 연필을 빌려 주었다. 영미는 규빈이에게 매우 고마웠다.

질문

① **누가** 필통을 안 가져왔나요?

② 규빈이는 영미한테 **무엇을** 빌려 줬나요?

③ 영미는 규빈이한테 **왜** 고마웠나요?

줄거리 수혁이의 생일날, 친구들이 수혁이네 집에 와서 생일축하를 해 주었다. 수혁이는 그런 친구들에게 정말 고마웠다.

질문

① 수혁이네 집에 **누가** 왔었나요?

② 친구들은 **언제** 수혁이네 집에 왔었나요?

③ 수혁이는 친구들한테 **왜** 고마웠나요?

줄거리 놀이터에서 아이들이 영빈이를 놀리고 있는데 정환이가 그것을 보고 뛰어와 아이들에게 놀리지 말라고 말해 주었다. 아이들은 정환이의 눈치를 보더니 하나 둘씩 가 버렸다. 영빈이는 정환이가 자기 편을 들어 주어서 정말 고마웠다.

질문

① 아이들이 **어디에서** 영빈이를 놀리고 있었나요?

② **누가** 아이들한테 영빈이를 놀리지 말라고 말해 줬나요?

③ 영빈이는 친구들이 놀릴 때 정환이가 자기 편을 들어 줘서 **어떤 마음이** 들었나요?

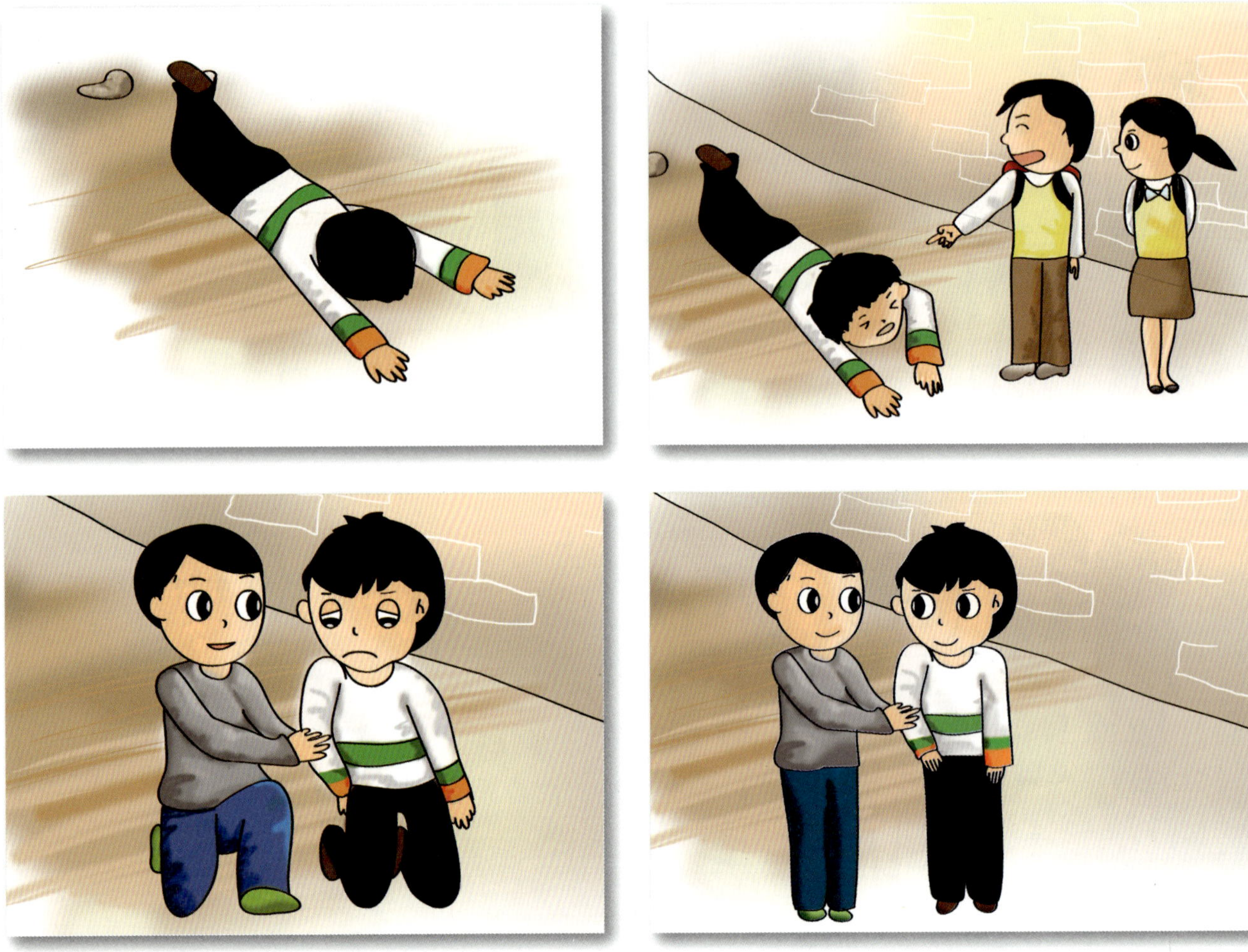

줄거리 영준이는 지난주 화요일에 길을 가다가 넘어졌다. 그런데 옆에 있던 친구들은 웃기만 하고 도와주지 않았는데 지나가던 성수가 달려와 영준이를 일으켜 주었다. 영준이는 성수에게 정말 고마웠다.

질문

① **누가** 넘어졌나요?

② 영준이가 넘어진 걸 보고 옆에 있던 친구들은 **어떻게** 했나요?

③ 영준이는 자기가 넘어졌을 때 성수가 일으켜 줘서 **어떤 마음이** 들었나요?

3 단계

바꾸어 쓸 수 있는 표현

지영이는 인형이 없었는데, 수정이 집에 놀러 갔더니 수정이가 인형 한 개를 줬어요. 지영이는 수정이가 인형을 줘서 고마울 때 어떻게 말할까요?

표현하기

수정아, 고마워.
너 참 착한 친구구나.
나 인형 없었는데 잘됐다.

수철이는 배가 고팠는데 민주가 도넛을 가져와서 수철이한테 나눠 줬어요. 수철이는 민주가 도넛을 줘서 고마울 때 어떻게 말할까요?

표현하기

민주야, 고마워.
도넛 맛있겠다.
배고팠는데 잘됐다.

3단계

바꾸어 쓸 수 있는 표현

영미는 필통을 안 가져와서 연필이 없었는데 짝 규빈이가 빌려 줬어요. 영미는 규빈이가 연필을 빌려 줘서 고마울 때 어떻게 말할까요?

표현하기

규빈아, 고마워.
역시 넌 내 친구야.
연필 없었는데 잘됐다.

수혁이 생일날에 친구들이 와서 생일 축하를 해 줬어요. 수혁이는 친구들이 생일을 축하해 줘서 고마울 때 어떻게 말할까요?

표현하기

얘들아, 고마워.
너희들 생일 때 나도 꼭 갈게.
우리 맛있는 음식 먹으면서 같이 놀자.

궁금하다 무엇인가 알고 싶어 하는 마음

줄거리 수요일에 수학 시험을 쳤는데 영준이는 시험 문제가 너무 어려워 답을 알 수 없었다. 영준이는 답이 너무 궁금해서 친구의 답을 몰래 보았다.

질문

① 영준이는 수요일에 **무슨** 시험을 쳤나요?

② 영준이한테는 시험 문제가 **어땠나요**?

③ 영준이는 **무엇이** 궁금했나요?

줄거리 민우의 어머니께서 예쁘게 화장을 하시며 외출 준비를 하셨다. 민우는 그런 어머니의 모습을 보고 어머니께서 어디에 가시려고 하는지 궁금하였다.

질문

① **누가** 화장을 하고 있었나요?

② 엄마는 **왜** 화장을 했나요?

③ 민우는 **무엇이** 궁금했나요?

줄거리 영재는 오늘 학원에서 선생님께 생일 선물을 받았다. 집에 돌아와 선물을 뜯어 보면서 영재는 안에 무엇이 들었을까 궁금하였다.

질문

① 영재는 선생님한테 **무엇을** 받았나요?

② 영재는 선생님한테 **왜** 선물을 받았나요?

③ 영재는 **무엇이** 궁금했나요?

줄거리 오늘 새벽에 영진이 어머니께서 아기를 낳으러 산부인과 병원에 가셨다. 영진이는 어머니께서 돌아오시기를 기다리는 동안 동생이 남자일까 여자일까 몹시 궁금하였다.

질문

① 엄마는 아기를 낳으러 **어디에** 갔나요?

② 엄마는 **언제** 병원에 갔나요?

③ 영진이는 **무엇이** 궁금했나요?

줄거리 지난주 월요일에 민지의 아버지께서 제주도로 출장을 가셨다. 아버지께서는 수요일에 돌아온다고 하셨는데 연락도 없이 안 오셨다. 어머니와 민지는 아버지께서 언제 돌아오실지 궁금해서 전화를 하였다.

질문

① **누가** 출장을 갔나요?

② 엄마랑 민지는 **무엇이** 궁금했나요?

③ 엄마랑 민지는 아빠가 수요일에 돌아오지 않아서 **어떤 마음이** 들었나요?

줄거리 재민이의 아버지께서 새로 나온 블록을 사 오셨다. 재민이는 블록 상자에 있는 완성된 로봇 그림을 보고 어떻게 만드는지 궁금하였다. 그래서 설명서를 보았지만 혼자서 만들 수가 없어서 아버지께 도와 달라고 부탁하였다.

질문

① 재민이의 아빠는 무엇을 사 왔나요?

② 재민이는 무엇이 궁금했나요?

③ 재민이는 블록 상자에 그려진 완성된 로봇 그림을 보고 어떤 마음이 들었나요?

바꾸어 쓸 수 있는 표현

영준이는 수학시험을 쳤는데 시험 문제가 너무 어려워 답을 알 수 없었어요. 영준이는 답을 알 수 없어 궁금할 때 어떻게 말할까요?

표현하기

어떻게 풀지?
답이 뭘까? 진짜 궁금하다.
다른 친구들은 답을 알까?

민우 엄마가 어디에 가려는지 예쁘게 화장을 하고 있어요. 민우는 엄마가 화장을 하고 어디에 갈지 궁금할 때 어떻게 말할까요?

표현하기

엄마, 어디 가요?
엄마, 왜 화장해요?
엄마, 어디 가는지 궁금해요.

바꾸어 쓸 수 있는 표현

영재가 학원 선생님한테 받은 생일 선물을 뜯어 보고 있어요. 영재는 안에 무엇이 들어 있는지 궁금할 때 어떻게 말할까요?

표현하기

이게 뭘까 궁금해.
상자에 뭐가 들어 있을까?
선생님께서 뭘 주셨을까?

영진이 엄마가 아기를 낳으러 산부인과 병원에 갔어요. 영진이는 엄마 뱃속의 동생이 남자인지 여자인지 궁금할 때 어떻게 말할까요?

표현하기

여동생일까 남동생일까?
아기가 나랑 닮았을까?
아기가 어떤 얼굴일지 궁금해.

귀엽다 예쁘고 곱거나 또는 애교가 있어서 사랑스러움

줄거리 이모가 신영이의 생일에 강아지 한 마리를 선물하였다. 신영이는 그 강아지가 작고 예뻐서 정말 귀여웠다.

질문

① **누가** 신영이한테 선물을 줬나요?

② 이모는 신영이한테 **무엇을** 선물했나요?

③ 신영이는 강아지가 **왜** 귀여웠나요?

줄거리 주현이가 동물원에 놀러 갔는데 토끼 한 마리가 주현이에게 깡충깡충 뛰어 왔다. 주현이는 토끼가 정말 귀여워서 쓰다듬어 주었다.

질문

① 주현이는 **어디에** 놀러 갔나요?

② 동물원에 있는 토끼가 주현이한테 **어떻게** 했나요?

③ 주현이는 **왜** 토끼가 귀여웠나요?

줄거리 태훈이가 침대 위에 있는 고양이에게 개구리 모자를 씌웠더니 정말 귀여웠다. 그래서 태훈이는 사진기를 가져와 귀여운 고양이의 모습을 찍었다.

질문

① 태훈이네 고양이는 **어디에** 있었나요?

② 태훈이는 침대 위에 있는 고양이한테 **어떻게** 했나요?

③ 태훈이는 고양이가 **왜** 귀여웠나요?

줄거리 지난 주말에 호준이의 이모가 아기를 낳았다. 호준이는 그 아기가 너무 작고 예뻐서 귀여웠다.

질문

① **누가** 아기를 낳았나요?

② 이모는 **언제** 아기를 낳았나요?

③ 호준이는 **왜** 아기가 귀여웠나요?

줄거리 어제 연주의 아버지께서 토끼 한 마리를 사 가지고 오셨다. 정말 귀엽게 생긴 토끼였다. 그런데 연주가 토끼를 만지자 토끼가 손가락을 물려고 하였다. 그래도 연주는 토끼가 정말 귀여워서 요리조리 손을 피해 가며 토끼를 계속 만져 보았다.

질문

① **누가** 토끼를 사 왔나요?

② 연주가 토끼를 만지자 토끼는 **어떻게** 했나요?

③ 연주는 토끼한테 **어떤 마음이** 들어서 계속 만졌나요?

줄거리 종수의 생일날 친구들을 초대하였다. 종수의 단짝 친구인 시우가 종수에게 개구리 인형을 선물로 주었다. 통통하고 보들보들한 개구리 인형이 귀여워서, 종수는 그 인형을 밤새 껴안고 잤다.

질문

① **누가** 종수한테 개구리 인형을 선물했나요?

② 시우는 종수한테 **왜** 개구리 인형을 줬나요?

③ 종수는 개구리 인형을 보고 **어떤 마음이** 들어서 밤새 껴안고 잤나요?

바꾸어 쓸 수 있는 표현

이모가 신영이의 생일날에 강아지 한 마리를 선물했어요. 그 강아지는 너무나 작고 예뻤어요. 신영이는 강아지가 작고 예뻐서 귀여울 때 어떻게 말할까요?

표현하기

아이, 귀여워.
친구한테 보여 줘야지.
강아지가 꼭 인형 같아.

주현이가 동물원에 놀러 가서 토끼를 봤는데 그 토끼는 너무 작고 예뻤어요. 주현이는 토끼가 너무 작고 예뻐서 귀여울 때 어떻게 말할까요?

표현하기

아이, 귀여워.
집에 데려가고 싶어.
만지니까 부드럽고 따뜻해.

3단계

바꾸어 쓸 수 있는 표현

태훈이가 침대 위에 있는 고양이한테 개구리 모자를 씌웠어요. 태훈이는 고양이가 개구리 모자를 써서 귀여울 때 어떻게 말할까요?

표현하기

아이, 깜찍해.
사진 찍어 둬야겠다.
고양이가 꼭 인형 같아.

이모가 아기를 낳았는데 아기가 너무 작고 예뻤어요. 호준이는 아기가 너무 작고 예뻐서 귀여울 때 어떻게 말할까요?

표현하기

아이, 귀여워.
아기가 진짜 작네.
나도 아기 안아 보고 싶다.

1단계 귀찮다 마음에 들지 아니하고 괴롭거나 성가심

줄거리 상연이는 저녁에 사탕과 과자를 먹었다. 그런데 사탕과 과자를 다 먹고 나서 이를 닦는 게 귀찮아서 그냥 잤다.

질문

① 상연이는 **무엇을** 먹었나요?

② 상연이는 **언제** 사탕하고 과자를 먹었나요?

③ 상연이는 **무엇이** 귀찮았나요?

줄거리 경성이와 태호는 친구 사이인데 쉬는 시간마다 태호가 경성이에게 놀자고 장난을 걸었다. 경성이는 그런 태호가 너무 귀찮았다.

질문

① 경성이하고 태호는 **어떤** 사이인가요?

② 태호는 경성이한테 매번 **어떻게** 했나요?

③ 경성이는 **왜** 태호가 귀찮았나요?

줄거리 삼촌은 어제 밤새도록 컴퓨터 게임을 하였다. 그래서 너무 피곤하였기 때문에 할머니께서 아침 먹으라고 부르시는데 귀찮아서 대답도 하지 않았다.

질문

① 삼촌은 어제 **무엇을** 했나요?

② 할머니가 삼촌을 부르는데 삼촌은 **어떻게** 했나요?

③ 삼촌은 **왜** 귀찮았나요?

줄거리 우석이가 소파에 누워 텔레비전을 보고 있는데 어머니께서 심부름을 다녀오라고 하셨다. 우석이는 텔레비전을 보는데 심부름을 가라고 하니까 귀찮아서 못 들은 척하였다.

질문

① 우석이가 **어디에서** 텔레비전을 보고 있었나요?

② 엄마는 우석이한테 **무엇을** 하라고 했나요?

③ 우석이는 심부름 가는 게 **왜** 귀찮았나요?

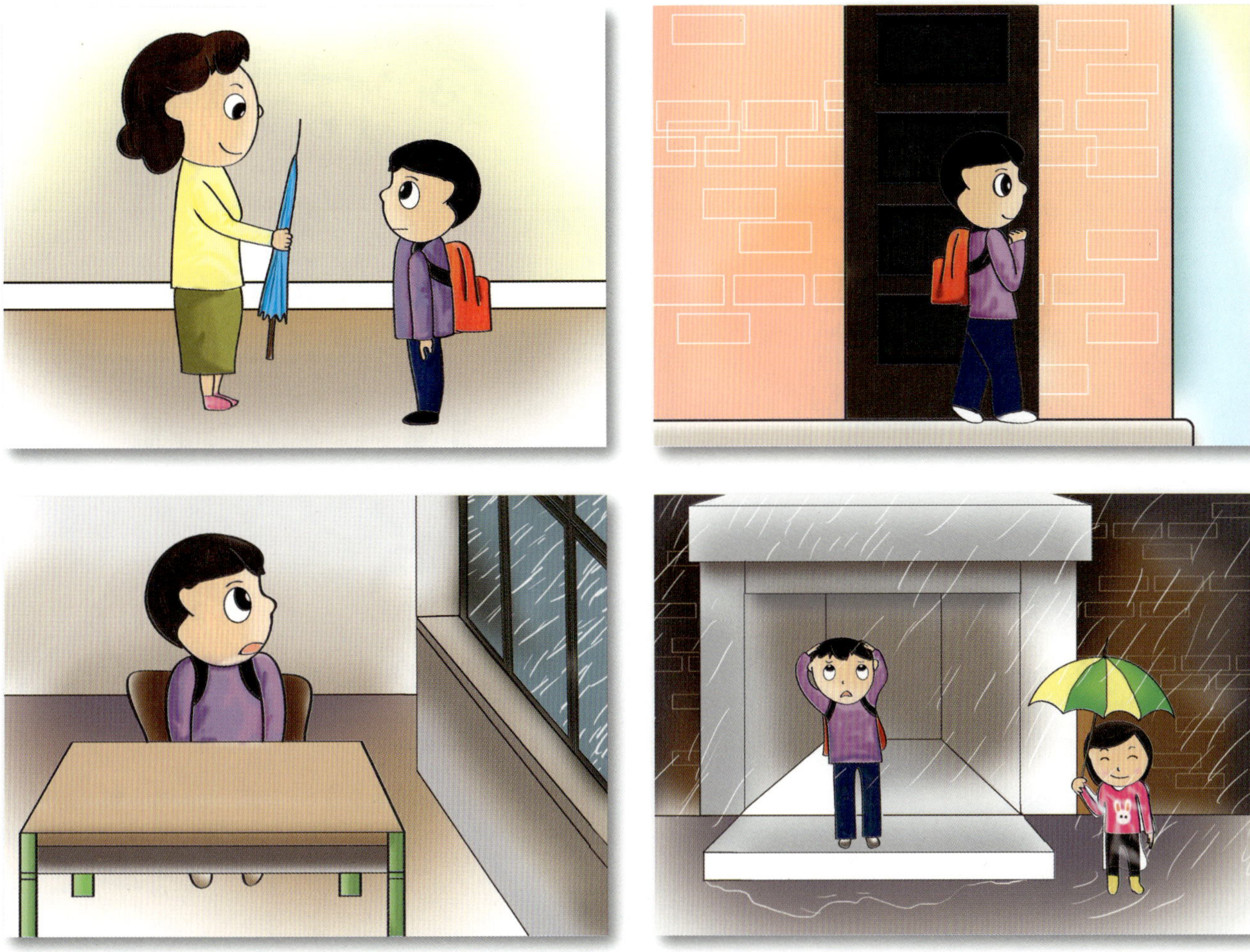

줄거리 어머니께서 민우에게 오늘 비가 올 것 같다며 우산을 주셨다. 하지만 민우는 우산을 들고 가기가 귀찮아서 집에 두고 학교에 갔다. 그런데 학교를 마치고 집에 가려고 하는데 비가 쏟아지기 시작하였다.

질문

① 엄마는 민우한테 **무엇을** 줬나요?

② 민우는 우산을 **어디에** 두고 학교에 갔나요?

③ 민우는 **어떤 마음이** 들어서 우산을 집에 두고 학교에 갔나요?

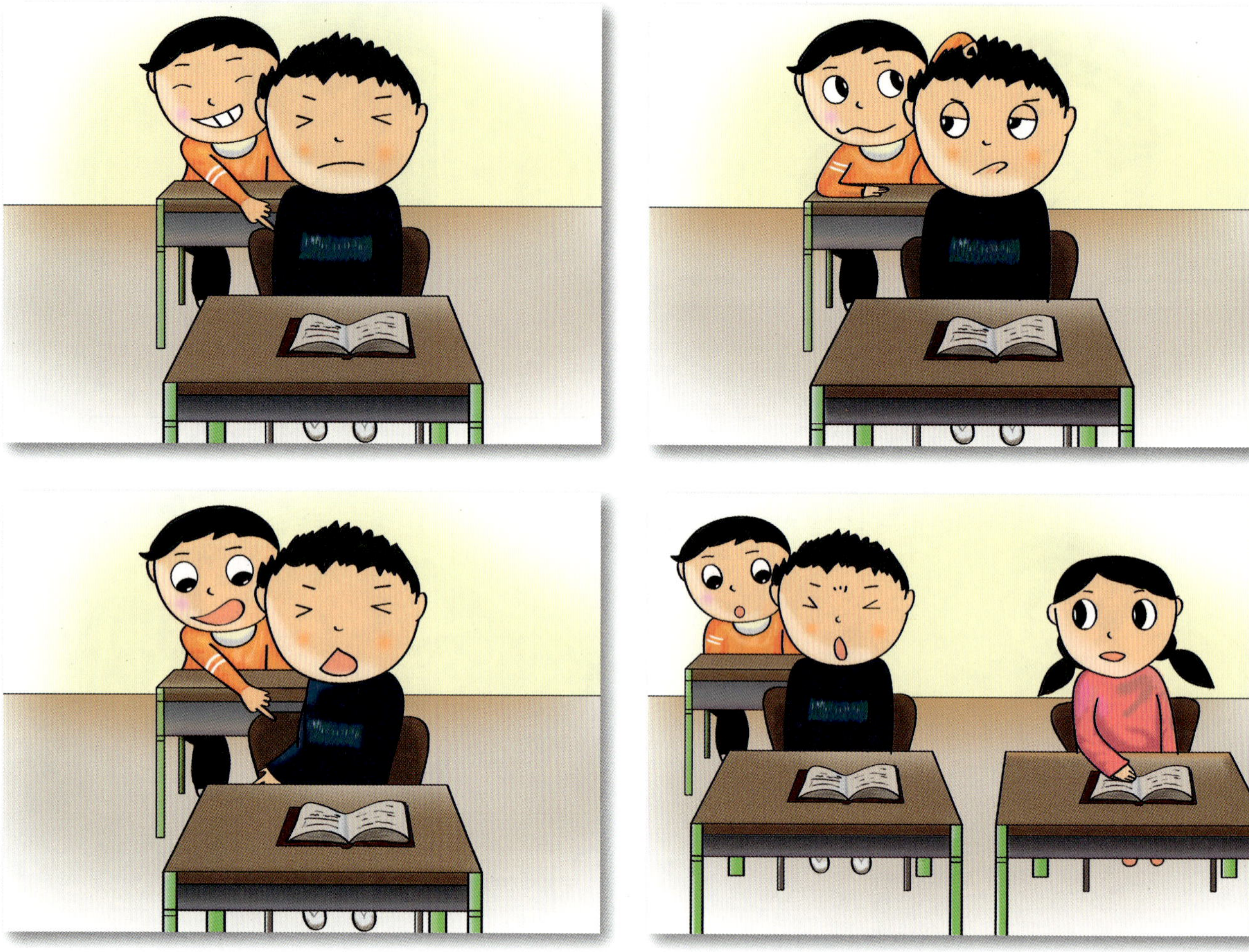

줄거리 상진이 뒤에 앉은 철민이가 수업 시간에 상진이의 머리를 잡아당기고 등도 찌르면서 자꾸 귀찮게 하였다. 상진이는 그런 철민이가 너무 귀찮아서 뒤를 보며 소리를 질렀다. 그랬더니 다른 친구들도 모두 상진이를 쳐다보았다.

질문

① **누가** 상진이를 귀찮게 했나요?

② 철민이는 상진이를 **어떻게** 귀찮게 했나요?

③ 상진이는 철민이가 뒤에서 자꾸 괴롭힐 때 **어떤 마음이** 들었나요?

바꾸어 쓸 수 있는 표현

상연이는 저녁에 사탕이랑 과자를 먹고 나서 이를 닦기 싫었어요. 상연이는 이 닦기가 귀찮을 때 어떻게 말할까요?

표현하기

아휴, 귀찮아.
아휴, 성가셔.
흥, 오늘 하루만 이 안 닦으면 어때!

경성이랑 태호는 친구 사이인데 쉬는 시간마다 태호가 경성이한테 놀자고 장난을 걸었어요. 경성이는 그런 태호가 귀찮을 때 어떻게 말할까요?

표현하기

아휴, 귀찮아.
아휴, 성가셔.
태호야, 이제 쉬는 시간에 그만 와.

바꾸어 쓸 수 있는 표현

삼촌은 어제 밤새 컴퓨터 게임을 해서 피곤한데 할머니가 아침 먹으라고 불렀어요. 삼촌은 대답하기 귀찮을 때 어떻게 말할까요?

표현하기

아휴, 귀찮아.
아휴, 성가셔.
내가 알아서 먹을 건데.

우석이가 소파에 누워 텔레비전을 보고 있는데 엄마가 심부름을 가라고 해요. 우석이는 심부름 가기 귀찮을 때 어떻게 말할까요?

표현하기

아휴, 귀찮아.
아휴, 성가셔.
텔레비전에 재미있는 거 한단 말이야.

1단계 기쁘다 마음이 즐거움

줄거리 지난 주말에 우리 가족은 야구 경기를 보러 야구장에 갔다. 마침 그날 우리 편이 경기에서 이겨서 우리 가족은 정말 기뻤다.

질문

① 우리 가족은 **무엇을** 보러 갔나요?

② **언제** 야구 경기를 보러 갔나요?

③ 우리 가족은 야구 경기를 보면서 **왜** 기뻤나요?

줄거리 주영이 아버지께서 출장을 다녀오시면서 주영이에게 선물을 사다 주셨다. 선물은 평소 주영이가 갖고 싶어 하던 게임기였다. 주영이는 게임기를 선물 받아서 매우 기뻤다.

질문

① 주영이 아빠가 **어디에** 다녀왔나요?

② 주영이는 아빠한테 **무슨** 선물을 받았나요?

③ 주영이는 **왜** 기뻤나요?

줄거리 수정이는 지난 주말에 음악 경연 대회에 나가서 바이올린을 연주하였다. 대회에 쟁쟁한 사람들이 많이 참가하였는데 수정이는 자신이 대상을 받게 되어 정말 기뻤다.

질문

① 수정이는 지난 주말에 **어디에** 나갔나요?

② 수정이는 음악 경연 대회에 나가서 **무엇을** 연주했나요?

③ 수정이는 **왜** 기뻤나요?

줄거리 영수가 도화지에 예쁜 꽃과 집을 그렸다. 어머니께서 그 그림을 보시더니 잘 그렸다고 칭찬해 주셔서 영수는 뛸 듯이 기뻤다.

질문

① **누가** 영수를 칭찬해 줬나요?

② 영수는 **무엇을** 잘 그렸나요?

③ 영수는 **왜** 기뻤나요?

줄거리 유치원에서 어버이날에 부모님께 효도를 한 가지씩 하라고 해서 민준이는 부모님께 안마를 해 드렸다. 부모님께서는 기특하다고 하시며 민준이에게 용돈을 만 원이나 주셨다. 민준이는 부모님께 칭찬과 함께 용돈까지 받아서 매우 기뻤다.

질문

① 민준이는 **누구한테** 안마를 해 줬나요?

② 민준이의 부모님은 안마를 받고 민준이한테 **어떻게** 했나요?

③ 민준이는 부모님한테 칭찬과 용돈을 받았을 때 **어떤 마음이** 들었나요?

줄거리 운동회 때 성찬이는 달리기를 잘하는 가영이와 같은 조가 되어 달리기 시합에 나갔다. 성찬이는 꼴찌를 할까 봐 걱정하였는데 가영이를 제치고 1등을 하여 정말 기뻤다.

질문

① 성찬이는 **누구랑** 한 조가 되어 달리기 시합을 하게 됐나요?

② 성찬이는 달리기 시합에서 **몇 등을** 했나요?

③ 성찬이는 1등을 했을 때 **어떤 마음이** 들었나요?

바꾸어 쓸 수 있는 표현

우리 가족은 야구장에 가서 야구 경기를 봤는데 우리 편이 경기에서 이겼어요. 우리 편이 이겨서 기쁠 때 어떻게 말할까요?

표현하기

아이, 기뻐라.
아이, 좋아라.
야호, 우리 편 이겼다.

주영이 아빠가 주영이한테 선물을 사다 줬는데 주영이가 갖고 싶어 하던 게임기였어요. 주영이는 원하던 선물을 받아서 기쁠 때 어떻게 말할까요?

표현하기

아이, 좋아라.
아이, 기뻐라. 내가 원하던 건데.
우리 아빠 최고다.

바꾸어 쓸 수 있는 표현

수정이는 음악 경연 대회에 나가서 바이올린을 연주하여 대상을 받았어요. 수정이는 상을 받아서 기쁠 때 어떻게 말할까요?

표현하기

아이, 기뻐라.
우와, 내가 대상이다.
엄마 아빠한테 빨리 보여 줘야지.

영수가 도화지에 예쁜 꽃이랑 집을 그렸는데 엄마가 잘 그렸다고 칭찬해 줬어요. 영수는 칭찬을 받아서 기쁠 때 어떻게 말할까요?

표현하기

아이, 기뻐.
아이, 좋아.
엄마, 다음에 또 그려서 보여 줄게요.

끔찍하다 진저리가 날 정도로 참혹함

줄거리 수철이네 반은 체험 학습 때 영화관에 갔다. 수철이는 주인공이 칼을 맞고 피를 흘리는 장면을 보다가 너무 끔찍해서 눈을 감았다.

질문

① 수철이네 반은 체험 학습 때 **어디에** 갔나요?

② 수철이는 영화를 보다가 **어떻게** 했나요?

③ 수철이는 **무엇이** 끔찍했나요?

줄거리 상일이가 길을 가다가 교통사고가 난 것을 보았다. 차가 부서지고 사람이 다쳐서 피를 흘리는 것을 보니 너무 끔찍해서 빨리 집으로 뛰어갔다.

질문

① 상일이는 길을 가다 **무엇을** 봤나요?

② 상일이는 교통사고 난 것을 보고 **어떻게** 했나요?

③ 상일이는 **무엇이** 끔찍했나요?

줄거리 유빈이가 중국집에서 자장면을 시켰는데 자장면 속에서 바퀴벌레가 나와서 너무 끔찍하였다. 그래서 유빈이는 자장면을 음식물 쓰레기통에 버렸다.

질문

① 유빈이는 중국집에서 **무엇을** 시켰나요?

② 유빈이는 자장면을 **어떻게** 했나요?

③ 유빈이는 **무엇이** 끔찍했나요?

줄거리 민준이가 텔레비전에서 '동물의 왕국'을 보는데 사자가 살아있는 황소를 잡아서 뜯어 먹었다. 민준이는 너무 끔찍해서 텔레비전을 꺼 버렸다.

질문

① 민준이는 텔레비전에서 **무엇을** 봤나요?

② 민준이는 사자가 황소를 잡아 먹는 장면을 보다가 **어떻게** 했나요?

③ 민준이는 **무엇이** 끔찍했나요?

줄거리 영주는 이라크라는 나라에서 전쟁이 일어나 많은 사람이 죽는 것을 텔레비전에서 보았다. 아이들이 피를 흘리며 쓰러져 있는 모습을 보니 정말로 끔찍하였다. 그래서 영주는 텔레비전 채널을 다른 곳으로 돌렸다.

질문

① **어느** 나라에서 전쟁이 일어났나요?

② 이라크에서 전쟁이 일어나 사람들이 **어떻게** 됐나요?

③ 영주는 **어떤 마음이** 들어서 텔레비전 채널을 바꿨나요?

줄거리 올 여름에 갑자기 폭우가 내려 사람들은 가축을 대피시키지 못한 채 집을 빠져 나왔다. 불어난 물에 동물의 시체가 떠 내려오는 것을 뉴스로 보니 너무 끔찍하였다. 나는 다시는 홍수가 나지 않았으면 좋겠다는 생각이 들었다.

질문

① **언제** 폭우가 쏟아졌나요?

② **왜** 동물들이 죽었나요?

③ 뉴스를 보면서 **어떤 마음이** 들었나요?

3단계

바꾸어 쓸 수 있는 표현

수철이가 체험 학습 때 영화관에 갔다가 주인공이 칼을 맞고 피를 흘리는 장면을 봤어요. 수철이는 주인공의 피 흘리는 모습이 끔찍할 때 어떻게 말할까요?

표현하기

아휴, 끔찍해.
으악, 못 보겠어.
저러다가 죽겠어.

상일이가 길을 가다가 교통사고가 난 현장에서 심하게 부서진 차와 피 흘리는 사람을 봤어요. 상일이는 교통사고 난 모습이 끔찍할 때 어떻게 말할까요?

표현하기

아휴, 끔찍해.
많이 다쳤으면 어떡하지?
구급차가 빨리 와야 할 텐데.

3단계 바꾸어 쓸 수 있는 표현

유빈이가 중국집에서 자장면을 시켰는데 그 안에 바퀴벌레가 있었어요. 유빈이는 음식 속에서 바퀴벌레가 나와서 끔찍할 때 어떻게 말할까요?

표현하기

아휴, 끔찍해.
아휴, 더러워.
으악, 바퀴벌레다.

민준이가 텔레비전에서 '동물의 왕국'을 보는데 사자가 살아 있는 황소를 뜯어 먹는 장면이 나왔어요. 민준이는 사자가 황소를 뜯어 먹는 게 끔찍할 때 어떻게 말할까요?

표현하기

아휴, 끔찍해.
아휴, 잔인해.
정말 못 보겠다.

낯설다 눈에 익숙하지 않음

줄거리 민철이 아버지께서 낮에 집으로 전화를 하셨는데 민철이의 목소리가 아닌 낯선 목소리가 들렸다. 알고 보니 전화번호를 잘못 눌러 엉뚱한 곳에 전화를 한 것이었다.

질문

① **누가** 집에 전화를 했나요?

② 민철이 아빠는 전화에서 **어떤** 목소리를 들었나요?

③ 민철이 아빠가 집으로 전화를 했을 때 **왜** 낯선 목소리가 들렸나요?

줄거리 순애는 어젯밤에 처음 보는 낯선 사람이 옆집 담장을 넘는 것을 보았다. 순애는 이상한 생각이 들어 경찰서에 신고하였다.

질문

① 순애는 어젯밤에 **누구를** 봤나요?

② 순애는 낯선 사람을 보고 **어떻게** 했나요?

③ 순애는 옆집 담장을 넘는 사람이 **왜** 낯설었나요?

줄거리 성현이는 어머니와 영화를 보러 갔다가 영화관 화장실에서 길을 잃어 버렸다. 성현이는 처음 가 본 영화관이라 낯설어서 어머니께서 계시는 곳을 찾을 수가 없었다.

질문

① **누가** 영화를 보러 갔나요?

② 성현이는 화장실에 갔다가 **어떻게** 됐나요?

③ 성현이는 영화관이 **왜** 낯설었나요?

줄거리 정희와 일준이는 이모 집에 가려고 버스를 탔는데 버스가 처음 보는 낯선 길로 갔다. 운전 기사 아저씨께 어디로 가는지 물어 보았더니 버스를 잘못 탔다고 하시며 이모 집과는 반대쪽으로 간다고 하셨다.

질문

① **누가** 이모 집에 가려고 버스를 탔나요?

② 버스는 **어디로** 가고 있었나요?

③ 정희랑 일준이는 버스가 가는 길이 **왜** 낯설었나요?

줄거리 성준이의 누나는 올해 대학교에 입학하였다. 누나는 입학식 다음 날부터 화장도 하고 높은 구두도 신고 다녔다. 성준이는 누나의 그런 모습이 너무 낯설었다.

질문

① **누가** 대학교에 입학을 했나요?

② 성준이의 누나는 입학한 다음날부터 **어떻게** 변했나요?

③ 성준이는 화장하고 높은 구두를 신은 누나의 모습을 보고 **어떤 마음이** 들었나요?

줄거리 민재는 할머니와 먼 친척 댁에 놀러 갔는데 친척도 낯설고 그 집도 낯설었다. 그런데 친척 분께서 과자를 주시면서 먹으라고 하셨다. 민재는 낯선 곳이라 조심스러워 선뜻 먹기가 어려웠다.

질문

① 민재는 할머니하고 **어디에** 갔나요?

② 먼 친척은 민재한테 **무엇을** 줬나요?

③ 민재는 먼 친척 댁이 처음 간 곳이라 **어떤 마음이** 들었나요?

3 단계

바꾸어 쓸 수 있는 표현

민철이 아빠는 오후에 집으로 전화를 했는데 민철이 목소리가 아니었어요. 민철이 아빠는 낯선 목소리를 들었을 때 어떻게 말할까요?

표현하기

어, 낯선 목소리인데, 누구세요?
처음 듣는 목소리인데, 누구세요?
죄송합니다. 제가 전화 잘못 건 것 같습니다.

순애는 어젯밤에 낯선 사람이 옆집 담장을 넘는 것을 봤어요. 순애는 낯선 사람을 보았을 때 어떻게 말할까요?

표현하기

어, 낯선 사람인데, 누구지?
처음 보는 사람인데, 누구지?
옆집 담장을 넘는 것을 보니 도둑인 것 같아.

3 단계

바꾸어 쓸 수 있는 표현

성현이는 지난 주말에 영화관에서 화장실에 갔다가 길을 잃었어요. 성현이는 낯선 곳에서 길을 잃었을 때 어떻게 말할까요?

표현하기

여기가 어디지?
어, 낯선 곳이네.
어, 어디로 나가야 하지?

정희하고 일준이는 이모 집에 가려고 버스를 탔는데 버스가 모르는 곳으로 갔어요. 정희하고 일준이는 버스가 낯선 곳으로 갈 때 어떻게 말할까요?

표현하기

여기가 어디지?
어, 낯선 곳이잖아.
어, 버스가 어디로 가는 거야?

놀라다 뜻밖의 일로 가슴이 두근거리거나 무서움을 느낌

줄거리 어젯밤에 자영이가 곤히 잠을 자고 있는데 갑자기 천둥소리가 크게 났다. 그래서 자영이는 깜짝 놀라 잠에서 깼다.

질문

① 누가 잠에서 깼나요?

② 언제 천둥이 쳤나요?

③ 자영이는 왜 깜짝 놀랐나요?

줄거리 어제 달리기 시합에서 지수가 1등으로 달리고 있었다. 그런데 갑자기 꼴찌를 하던 민호가 앞질러 달리자 지수는 깜짝 놀랐다.

질문

① 누가 꼴찌로 달리고 있었나요?

② 언제 달리기 시합을 했나요?

③ 지수는 왜 깜짝 놀랐나요?

줄거리 굉장히 큰 트럭이 빠른 속도로 사람들 옆을 지나갔다. 그러자 사람들은 놀라서 입을 쩍 벌리고 눈을 크게 떴다.

질문

① **누가** 큰 트럭을 봤나요?

② 큰 트럭이 빠른 속도로 지나가자 사람들은 **어떤 표정을** 지었나요?

③ 길을 지나가던 사람들이 **왜** 놀랐나요?

줄거리 석환이네 강아지가 갑자기 창문을 뛰어넘어 교실로 들어왔다. 그래서 교실에 있던 선생님과 아이들 모두가 깜짝 놀랐다.

질문

① **무엇이** 교실로 들어왔나요?

② 강아지는 **어디로** 들어왔나요?

③ 선생님이랑 아이들은 **왜** 깜짝 놀랐나요?

줄거리 상희가 밤에 혼자 집에 있어서인지 잠이 잘 오지 않아 뒤척이고 있었다. 그때 갑자기 대문 옆에서 '쿵' 하는 소리가 나서 몹시 놀랐다. 알고 보니 도둑 고양이가 대문 옆의 쓰레기통을 뒤지는 소리였다.

질문

① **누가** 혼자 집에 있었나요?

② 상희는 **무슨** 소리를 듣고 놀랐나요?

③ 상희는 밤에 '쿵' 하는 소리를 듣고 **어떤 마음이** 들었나요?

줄거리 체험 학습으로 동물원에 간 승민이는 흰곰 한 마리가 잠을 자고 있는 것을 보았다. 승민이와 친구들은 잠든 곰을 보면서 잠꾸러기라며 소리를 지르고 박수를 치며 시끄럽게 떠들었다. 그러자 갑자기 흰곰이 큰 소리를 내며 울타리로 달려 왔다. 아이들과 승민이는 너무 놀라서 도망을 쳤다.

질문

① 승민이는 **어디에** 갔나요?

② 승민이하고 친구들은 잠든 곰을 보며 **어떻게** 했나요?

③ 승민이하고 친구들은 흰곰이 갑자기 큰 소리를 내며 울타리로 달려 오자 **어떤 마음이** 들었나요?

바꾸어 쓸 수 있는 표현

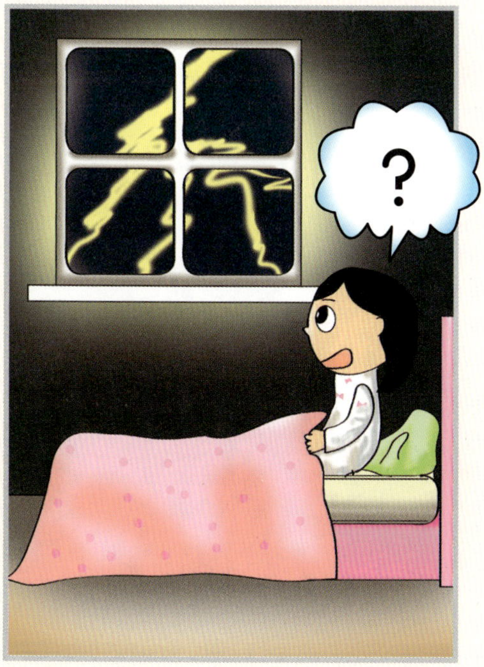

어젯밤에 자영이가 자다가 천둥소리에 놀라 벌떡 일어났어요. 자영이는 큰 천둥소리를 듣고서 놀랐을 때 어떻게 말할까요?

표현하기

아휴, 무서워.
아이, 깜짝이야.
아이쿠, 놀래라.

지수가 1등으로 달리고 있었는데 꼴찌를 하던 민호가 지수를 앞질러 달렸어요. 지수가 그 모습을 보고 놀랐을 때 어떻게 말할까요?

표현하기

아이쿠, 놀래라.
아이쿠, 큰일 났네.
이러다가 꼴찌하겠다.

바꾸어 쓸 수 있는 표현

굉장히 큰 트럭이 빠른 속도로 사람들 옆으로 지나가자 사람들이 입을 쩍 벌리고 눈을 크게 떴어요. 사람들은 그런 트럭을 보고 놀랐을 때 어떻게 말할까요?

표현하기

아휴, 놀래라.
아이쿠, 깜짝이야.
아이쿠, 큰일 날 뻔했다.

석환이네 강아지가 갑자기 창문을 뛰어넘어 교실로 들어왔어요. 선생님이랑 아이들은 갑자기 뛰어들어 온 강아지를 보고 놀랐을 때 어떻게 말할까요?

표현하기

아이, 깜짝이야.
아이쿠, 놀래라.
와, 강아지다.

망설이다 이리저리 생각만 하고 태도를 결정하지 못하여 머뭇거림

줄거리 준영이가 버스에서 자리에 앉아 가는데 할머니께서 타셨다. 버스에 다른 빈 자리가 하나도 없자 준영이는 할머니께 자리를 양보할까 말까 망설여졌다.

질문

① 준영이는 **무엇을** 탔나요?

② 준영이가 탄 버스에 **누가** 탔나요?

③ 준영이는 **무엇을** 망설였나요?

줄거리 친구들이 강에서 물놀이를 하고 있었다. 수영을 못하는 성수는 자기도 들어가서 함께 놀까 말까 망설여졌다.

질문

① 친구들이 **어디에서** 놀고 있었나요?

② **누가** 수영을 못하나요?

③ 성수는 **무엇을** 망설였나요?

줄거리 민혁이네 가족이 식당에 갔는데 메뉴판에 그려진 음식이 모두 맛있어 보였다. 민혁이는 무엇을 먹을까 망설여져서 메뉴판을 보고 또 보았다.

질문

① **누가** 식당에 갔나요?

② 민혁이는 주문할 음식을 고르기 위해 **무엇을** 봤나요?

③ 민혁이는 **왜** 메뉴판을 보고 또 봤나요?

줄거리 수만이가 숙제를 하고 있는데 경재가 놀자고 불렀다. 수만이는 숙제를 할까 경재와 놀까 망설여졌다.

질문

① **누가** 수만이를 불렀나요?

② 수만이는 **무엇을** 해야 하나요?

③ 수만이는 **무엇을** 망설였나요?

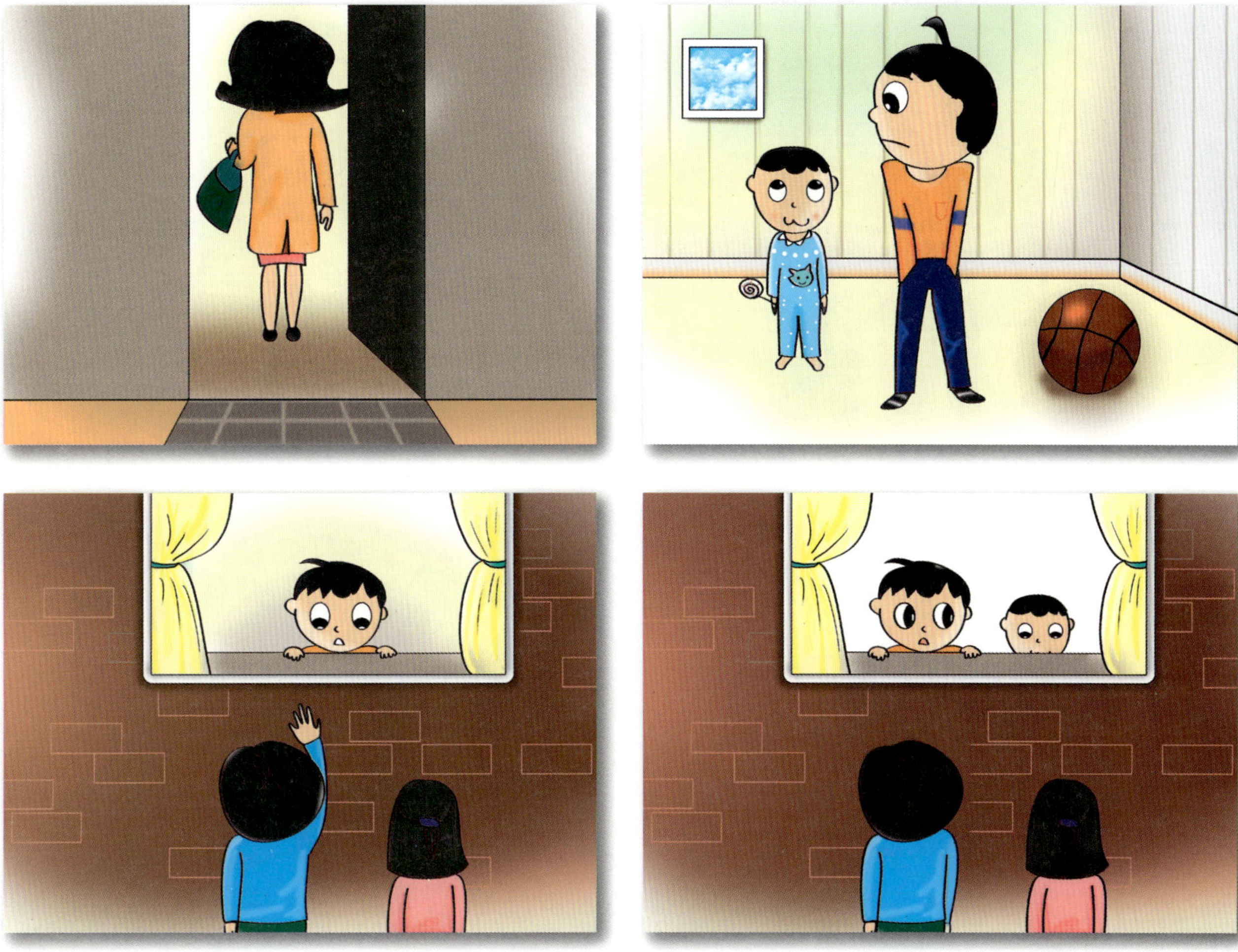

줄거리 정훈이 어머니께서 외출을 하시면서 정훈이에게 동생을 잘 돌보고 있으라고 부탁하셨다. 그런데 친구들이 찾아와 놀이터에 놀러 가자고 하였다. 정훈이는 친구들과 놀러 가야 할지 집에서 동생을 챙겨 주어야 할지 망설여져서 동생과 친구들을 번갈아 보며 한참을 서 있었다.

질문

① **누가** 집에 없나요?

② 정훈이 엄마는 정훈이한테 **무엇을** 부탁했나요?

③ 정훈이는 **어떤 마음이** 들어서 동생이랑 친구들을 번갈아 봤나요?

줄거리 지은이 아버지께서 출장을 다녀오시면서 모자 두 개를 사오셨다. 그리고 지은이에게 주시면서 동생과 하나씩 나누라고 하셨다. 지은이는 빨간 모자를 할까 노란 모자를 할까 망설여져서 두 모자를 계속 번갈아 써 보았다.

질문

① **누가** 모자를 사 왔나요?

② 지은이는 아빠한테 모자를 받고 **어떻게** 했나요?

③ 지은이는 **어떤 마음이** 들어서 두 모자를 번갈아 써 봤나요?

바꾸어 쓸 수 있는 표현

준영이가 버스에서 자리에 앉아 가는데 할머니가 탔어요. 준영이는 자리를 양보할까 말까 망설여질 때 어떻게 말할까요?

표현하기

아이, 어떻게 할지 고민이네.
일어날까 아니면 그냥 앉아 있을까?
할머니한테 자리를 양보할까 말까 망설여지네.

성수는 친구들이 강에서 즐겁게 물놀이를 하는 것을 봤어요. 수영을 못하는 성수는 물에 들어갈까 말까 망설여질 때 어떻게 말할까요?

표현하기

어떻게 할지 고민이네.
물에 들어갈까 말까 망설여지네.
들어갈까? 아니면 그냥 여기 있을까?

바꾸어 쓸 수 있는 표현

민혁이네 가족이 식당에 갔는데 메뉴판에 그려진 음식이 모두 맛있어 보였어요. 민혁이는 무엇을 먹을까 망설여질 때 어떻게 말할까요?

표현하기

다 맛있겠다.
뭐 먹을지 망설여지네.
이거 먹을까, 저거 먹을까?

수만이가 숙제를 하고 있는데 경재가 놀자고 불렀어요. 수만이는 숙제를 할까 경재랑 놀까 망설여질 때 어떻게 말할까요?

표현하기

경재랑 조금만 놀고 나서 숙제를 할까?
숙제부터 하고 경재랑 밖에서 놀까?
경재랑 같이 놀까, 집에서 숙제를 할까 망설여지네.

무섭다 어떤 대상에 대하여 두려운 느낌이 있고 마음이 불안함. 두려움이나 놀라움을 느낄 만큼 성질이나 기세 따위가 몹시 사나움

줄거리 광식이는 감기에 걸려 병원에 가서 주사를 맞아야 했다. 그런데 주사기의 뾰족한 바늘을 보니 너무 아플 것 같아서 무서웠다.

질문

① **누가** 병원에 갔나요?

② 광식이는 **어디에** 갔나요?

③ 광식이는 주사기가 **왜** 무서웠나요?

줄거리 민호는 늘 형과 함께 자다가 형이 여행가고 없어서 혼자 자게 되었다. 방에서 혼자 자려니 귀신이 나올 것만 같아서 너무 무서웠다.

질문

① **누가** 혼자 잤나요?

② 형은 **어디에** 갔나요?

③ 민호는 혼자 자는 게 **왜** 무서웠나요?

줄거리 세호가 길을 가다가 사나운 개와 마주쳤다. 세호는 개가 물까 봐 무서워서 꼼짝도 할 수 없었다.

질문

① 세호는 길을 가다가 **무엇이랑** 마주쳤나요?

② 세호는 사나운 개하고 마주쳤을 때 **어떻게** 했나요?

③ 세호는 개가 **왜** 무서웠나요?

줄거리 창호가 소풍을 가서 도시락을 먹으려고 하는데 발 밑에 뱀이 나타났다. 창호는 뱀이 자기를 물까 봐 너무 무서워서 발을 번쩍 들어 올렸다.

질문

① **누가** 소풍을 갔나요?

② 뱀을 보고 창호는 **어떻게** 했나요?

③ 창호는 **왜** 뱀이 무서웠나요?

줄거리 영은이는 학원에 가는 대신에 친구들과 놀이터에서 놀고 싶었다. 그래서 영은이는 어머니께는 학원에 간다고 거짓말을 하고 친구들과 신나게 놀았다. 집에 돌아오는 길에 영은이는 어머니께 거짓말한 게 들켜 혼날까 봐 무서웠다.

질문

① 영은이는 **어디에** 가지 않았나요?

② 영은이는 학원에 가기 싫어서 **어떻게** 했나요?

③ 영은이는 엄마한테 거짓말한 것을 들켜 혼날까 봐 **어떤** 마음이 들었나요?

줄거리 효정이는 사탕, 초콜릿, 아이스크림과 같은 단 음식을 먹은 후에 양치질을 하지 않고 자서 이가 썩었다. 그러자 어머니께서 치과에 치료를 받으러 가자고 하셨다. 효정이는 많이 아플까 봐 무서워서 식탁 밑에 들어가 숨었다.

질문

① 효정이는 **왜** 이가 썩었나요?

② 효정이는 엄마가 치과에 가자고 했을 때 **어떻게** 했나요?

③ 효정이는 치과에 가야 하는데 **어떤 마음이** 들어서 식탁 밑에 숨었나요?

3단계 바꾸어 쓸 수 있는 표현

광식이는 병원에 가서 주사를 맞아야 했는데 주사기의 뾰족한 바늘을 보니 너무 아플 것 같았어요. 광식이는 주사 바늘이 무서울 때 어떻게 말할까요?

표현하기

아휴, 겁나.
아휴, 무서워.
정말 아프겠다.

민호는 늘 형이랑 함께 자다가 형이 여행가고 없어서 혼자 자려니 귀신이 나올 것만 같았어요. 민호는 귀신이 나올까 봐 무서울 때 어떻게 말할까요?

표현하기

아휴, 무서워.
혼자 자는 건 싫어.
엄마, 오늘만 같이 자요.

바꾸어 쓸 수 있는 표현

세호가 길을 가다가 사나운 개랑 마주쳤는데 그 개가 자기를 물까 봐 꼼짝도 할 수 없었어요. 세호는 개가 물까 봐 무서울 때 어떻게 말할까요?

표현하기

아휴, 겁나.
아휴, 무서워.
아이쿠, 큰일 났다.

창호가 소풍을 갔는데 뱀이 나타났어요. 창호는 뱀이 물까 봐 무서울 때 어떻게 말할까요?

표현하기

아휴, 겁나.
아휴, 무서워.
아이쿠, 큰일 났다.

미안하다 다른 사람을 대할 때 마음이 편치 못하고 부끄러움

줄거리 영환이가 급하게 뛰어가다가 길모퉁이에서 지나가는 사람과 부딪혀서 들고 있던 사과를 다 쏟게 만들었다. 영환이는 부딪힌 사람에게 몹시 미안하였다.

질문

① 영환이는 **어디에서** 다른 사람이랑 부딪혔나요?

② 영환이랑 부딪힌 사람은 **어떻게** 됐나요?

③ 영환이는 부딪힌 사람한테 **왜** 미안했나요?

줄거리 성재가 달리기 시합에서 1등을 하려다가 실수로 준혁이를 밀어서 넘어뜨렸다. 준혁이의 무릎에서 피가 나는 것을 보니 성재는 준혁이에게 미안하였다.

질문

① 성재는 달리기 시합에서 **누구를** 밀었나요?

② 성재는 1등을 하려다가 실수로 **어떻게** 했나요?

③ 성재는 준혁이한테 **왜** 미안했나요?

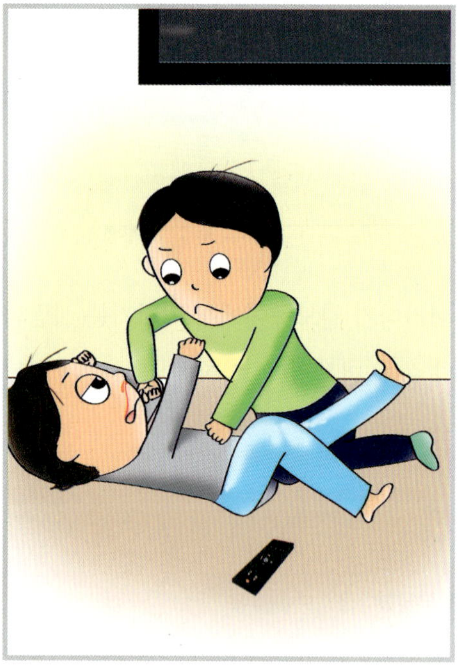

줄거리 규민이와 동생은 자기가 보고 싶은 채널을 틀려고 싸우다가 규민이가 동생을 한 대 때렸다. 규민이는 코피를 흘리는 동생을 보자 미안한 마음이 들었다.

질문

① 규민이는 **누구하고** 싸웠나요?

② 규민이는 동생한테 **어떻게** 했나요?

③ 규민이는 동생한테 **왜** 미안한 마음이 들었나요?

줄거리 재성이와 다영이가 반 대표로 달리기 시합에 나갔는데 재성이가 바통을 떨어뜨리는 바람에 꼴찌를 하였다. 재성이는 자신의 실수로 꼴찌를 하게 되어 반 친구들에게 미안하였다.

질문

① 재성이는 **누구랑** 달리기 반 대표로 나갔나요?

② 재성이는 **무엇을** 떨어뜨려 꼴찌를 했나요?

③ 재성이는 **왜** 반 친구들한테 미안했나요?

줄거리 은경이가 샌드위치를 만들어 먹다가 접시를 깨뜨렸다. 어머니께서 오셔서 누가 접시를 깨뜨렸냐고 물으시자, 은경이는 혼날까 봐 동생 주형이가 접시를 만진 것 같다며 거짓말을 하였다. 학원에서 돌아온 주형이는 영문도 모르고 어머니께 혼났다. 그것을 지켜보던 은경이는 주형이에게 너무 미안하였다.

질문

① 은경이는 **무엇을** 깨뜨렸나요?

② 은경이는 접시를 깨뜨리고 나서 엄마한테 혼날까 봐 **어떻게** 했나요?

③ 은경이는 자기 대신 동생이 혼나는 것을 보고 **어떤 마음이** 들었나요?

줄거리 소영이가 급식실에서 밥을 먹은 후에 물을 마시려고 식수대로 갔다. 물컵을 들고 돌아서다가 뒤에 서 있는 정호와 부딪혀서 정호의 옷에 물을 다 쏟았다. 소영이는 정호의 젖은 옷을 보니 정호에게 너무 미안하였다.

질문

① 소영이는 **누구의** 옷에 물을 쏟았나요?

② 소영이는 물컵을 들고 돌아서다가 **어떻게** 됐나요?

③ 소영이는 정호의 젖은 옷을 보고 **어떤 마음이** 들었나요?

바꾸어 쓸 수 있는 표현

영환이는 급하게 뛰어가다가 모퉁이에서 지나가는 사람하고 부딪혀 들고 있던 사과를 다 쏟게 만들었어요. 영환이는 그 사람한테 미안할 때 어떻게 말할까요?

표현하기

괜찮아요?
미안해요.
오는 걸 미처 못 봤어요.

성재가 달리기 시합을 하다가 실수로 앞서 가는 준혁이를 밀어서 넘어뜨렸어요. 성재는 친구한테 미안할 때 어떻게 말할까요?

표현하기

미안해. 괜찮니?
내가 잘못했어.
일부러 민 거 아니야.

바꾸어 쓸 수 있는 표현

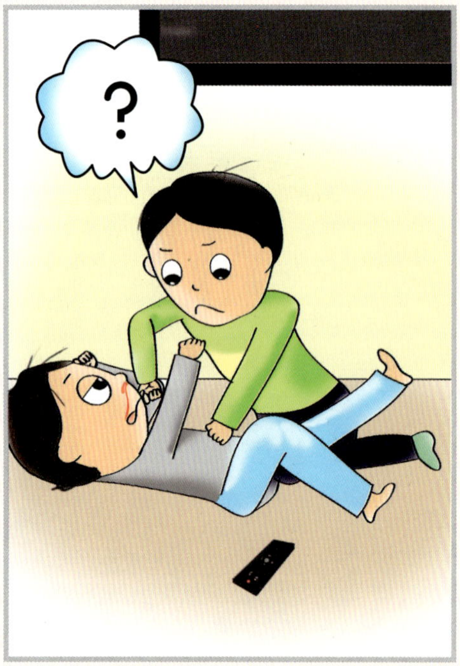

규민이하고 동생은 서로 자기가 보고 싶은 채널을 틀려고 다투다 규민이가 동생을 때렸어요. 규민이는 동생한테 미안할 때 어떻게 말할까요?

표현하기

미안해. 괜찮니?
내가 잘못했어.
너 보고 싶은 거 봐.

재성이하고 다영이가 반 대표로 달리기 시합에 나갔는데 재성이가 바통을 떨어뜨리는 바람에 꼴찌를 했어요. 재성이는 반 아이들한테 미안할 때 어떻게 말할까요?

표현하기

미안해.
다음에 잘할게.
내가 실수해서 졌네.

1 단계

반갑다

그리워하던 사람을 만나거나 원하는 일이 이루어져서 마음이 즐겁고 기쁨

줄거리 지난 주말에 준성이는 외국에서 일하던 삼촌을 1년 만에 예식장에서 만났다. 준성이는 오랜만에 삼촌을 만나서 정말 반가웠다.

질문

① 지난 주말에 준성이는 **누구를** 만났나요?

② 준성이는 삼촌을 **얼마 만에** 봤나요?

③ 준성이는 삼촌이 **왜** 반가웠나요?

줄거리 아버지와 고모는 어릴 때 헤어졌다. 오랫동안 헤어져 지내다가 다시 만나게 된 아버지와 고모는 매우 반가워서 서로 껴안고 우셨다.

질문

① 아빠하고 고모는 **어떤 사이**인가요?

② 아빠하고 고모는 **언제** 헤어졌나요?

③ 아빠하고 고모는 **왜** 반가웠나요?

줄거리 아이들이 운동장에서 얼음땡 놀이를 하고 있었는데 관수가 왔다. 아이들은 인기가 많은 관수가 오자 반갑게 맞아 주었다.

질문

① 아이들이 놀고 있었는데 **누가** 왔나요?

② 아이들은 **무엇을** 하고 있었나요?

③ 아이들은 관수가 **왜** 반가웠나요?

줄거리 추석에 작은아버지네 가족이 오셨는데 오랜만에 만나서 매우 반가웠다. 엄마는 오랜만에 온 작은아버지네 가족을 위해 맛있는 음식을 차려 주셨다.

질문

① 추석 때 **누가** 왔나요?

② 엄마는 작은아버지 가족한테 **어떻게** 했나요?

③ 우리 가족은 작은아버지네 가족이 **왜** 반가웠나요?

줄거리 유나는 3학년이 되어 새 친구들을 만날 생각에 잠을 설쳤다. 다음 날 아침, 유나는 교실에 들어갔는데 아는 친구가 보이지 않았다. 그런데 쉬는 시간에 보니까 작년에 같은 반이었던 민영이가 한 반에 있어서 정말 반가웠다.

질문

① 유나는 **몇** 학년이 됐나요?

② 유나는 **왜** 밤에 잠을 설쳤나요?

③ 유나는 작년에 같은 반이었던 민영이를 만나서 **어떤 마음이** 들었나요?

줄거리 동건이네 가족은 방학을 맞아 일주일 동안 프랑스로 여행을 갔다. 그런데 프랑스의 루브르박물관에서 우연히 우리나라 사람을 만났다. 동건이네 가족은 너무 반가워서 인사도 하고 함께 사진도 찍었다.

질문

① 동건이네 가족은 방학을 맞아 **어디에** 갔나요?

② 해외여행 중 프랑스 루브르박물관에서 만난 사람은 **어느 나라** 사람인가요?

③ 동건이네 가족은 해외에서 우리나라 사람을 만나서 **어떤 마음이** 들었나요?

바꾸어 쓸 수 있는 표현

준성이는 외국에 나가서 일하고 있던 삼촌을 1년 만에 예식장에서 만났어요. 준성이는 오랜만에 삼촌을 만나 반가울 때 어떻게 말할까요?

표현하기

삼촌, 반가워요.
삼촌, 보고 싶었어요.
삼촌, 오랜만이에요.

아빠랑 고모는 어릴 때 서로 헤어졌어요. 그러다가 오랜만에 다시 만나게 된 아빠랑 고모는 서로 반가울 때 어떻게 말할까요?

표현하기

아이, 반가워라.
많이 보고 싶었어.
오랜만이야. 잘 지냈어?

바꾸어 쓸 수 있는 표현

아이들이 운동장에서 얼음땡 놀이를 하며 놀고 있었는데 관수가 왔어요. 아이들은 관수랑 함께 놀게 되어 반가울 때 어떻게 말할까요?

표현하기

관수야, 안녕.
관수야, 반가워.
어서 와, 같이 놀자.

추석에 작은아버지네 가족이 오랜만에 왔어요. 오랜만에 만난 작은아버지 가족이 반가울 때 어떻게 말할까요?

표현하기

반가워요.
그동안 잘 지내셨어요?
오랜만이에요.

부끄럽다

일을 잘 못하거나 양심에 거리끼어 볼 낯이 없거나 매우 떳떳하지 못함

줄거리 연준이가 어젯밤에 자다가 이불에 오줌을 쌌다. 연준이는 일어나서 이불이 젖어 있는 것을 보니 부끄러웠다.

질문

① 연준이가 **어디에** 오줌을 쌌나요?

② 연준이는 **언제** 이불에 오줌을 쌌나요?

③ 연준이는 **왜** 부끄러웠나요?

줄거리 유미의 남동생들이 아무것도 입지 않고 물놀이를 하고 있었다. 유미는 다른 사람들이 그 모습을 볼까 봐 부끄러워서 얼굴을 가렸다.

질문

① **누가** 물놀이를 했나요?

② 남동생들은 **어떤** 모습으로 물놀이를 했나요?

③ 유미는 **왜** 남동생들이 부끄러웠나요?

줄거리 선생님께서 수업시간에 성환이에게 질문을 하셨는데 정답을 몰라서 대답을 못하였다. 성환이는 대답을 못한 것이 너무 부끄러웠다.

질문

① **누가** 성환이한테 질문을 했나요?

② 성환이는 **왜** 대답을 못했나요?

③ 성환이는 **무엇이** 부끄러웠나요?

줄거리 우영이네 가족이 식당에 갔는데 우영이가 뛰어다니고 떠들었다. 한 할아버지께서 화를 내면서 야단치시자 우영이는 뛰어다닌 것이 부끄러웠다.

질문

① 우영이네 가족은 **어디에** 갔나요?

② 우영이는 식당에서 **어떤** 행동을 했나요?

③ 우영이는 **왜** 부끄러웠나요?

줄거리 경민이는 현지를 좋아하지만 현지를 볼 때마다 부끄러워서 말도 건네지 못하였다. 5월이 되어 경민이와 현지가 짝이 되었는데 현지가 경민이에게 반갑다고 하면서 악수를 하자고 하였다. 경민이는 너무 부끄러워서 손을 내밀며 얼굴이 빨개졌다.

질문

① 경민이는 **누구를** 좋아하나요?

② 현지는 경민이하고 짝이 되자 **어떻게** 했나요?

③ 경민이는 현지랑 악수를 할 때 **어떤 마음이** 들어서 얼굴이 빨개졌나요?

줄거리 수찬이는 동네에서 말썽꾸러기이다. 언제나 말썽만 피우고 다녀 동네 사람들은 수찬이를 별로 좋아하지 않았다. 수찬이 어머니께서는 수찬이가 항상 말썽만 피우고 다녀서 동네 사람들을 보기가 부끄러웠다.

질문

① **누가** 동네에서 말썽꾸러기인가요?

② 동네 사람들은 **왜** 수찬이를 좋아하지 않나요?

③ 수찬이 어머니는 수찬이 때문에 마을 사람들한테 **어떤 마음이** 들었나요?

바꾸어 쓸 수 있는 표현

연준이는 어젯밤에 잠을 자다가 이불에 오줌을 쌌어요. 연준이는 이불에 오줌을 싸서 부끄러울 때 어떻게 말할까요?

표현하기

아이, 창피해.
아이, 부끄러워.
엄마가 보면 어쩌지?

유미는 남동생들이 아무것도 입지 않고 물놀이를 하고 있는 걸 봤어요. 유미는 그런 동생들을 누가 볼까 봐 부끄러울 때 어떻게 말할까요?

표현하기

아이, 부끄러워.
아이, 쑥스러워.
쟤네들은 창피하지도 않나 봐.

바꾸어 쓸 수 있는 표현

선생님이 수업시간에 성환이한테 질문을 했는데 정답을 몰라서 대답을 못했어요. 성환이는 대답을 못해서 부끄러울 때 어떻게 말할까요?

표현하기

아이, 속상해.
아이, 창피해.
아이, 부끄러워.

우영이가 식당에서 뛰어다니고 떠들어서 한 할아버지한테 야단을 맞았어요. 우영이는 야단을 맞아서 부끄러울 때 어떻게 말할까요?

표현하기

아이, 창피해.
아이, 부끄러워.
아이, 얼굴을 못 들겠다.

부럽다

남의 좋은 일이나 물건을 보고 자기도 그런 일을 이루거나 그런 물건을 가졌으면 하고 바라는 마음

줄거리 주혜와 짝이 점심시간에 도시락을 먹는데 짝의 도시락에 김밥이 들어 있었다. 주혜는 김밥이 너무 맛있어 보여 짝이 부러웠다.

질문

① **누가** 김밥을 싸 왔나요?

② 주혜는 김밥이 **어때** 보였나요?

③ 주혜는 짝이 **왜** 부러웠나요?

줄거리 보영이가 새로 산 로봇을 들고 왔는데 리모컨을 누르니까 말도 하고 움직이기까지 하였다. 건우는 그런 로봇을 가진 보영이가 부러웠다.

질문

① **누가** 로봇을 들고 왔나요?

② 보영이는 **무엇으로** 로봇을 움직였나요?

③ 건우는 보영이가 **왜** 부러웠나요?

줄거리 성진이가 형과 구슬치기를 했는데 형이 구슬을 더 많이 땄다. 성진이는 구슬을 많이 가진 형이 부러웠다.

질문

① 성진이하고 형은 **무엇을** 했나요?

② **누가** 구슬을 더 많이 땄나요?

③ 성진이는 형이 **왜** 부러웠나요?

줄거리 재혁이가 수학 시험에서 100점 받았는데 우경이는 0점을 받았다. 우경이는 선생님께 칭찬을 받는 재혁이가 정말 부러웠다.

질문

① **누가** 수학 시험에서 100점 받았나요?

② 선생님은 재혁이한테 **어떻게** 했나요?

③ 우경이는 재혁이가 **왜** 부러웠나요?

줄거리 미영이는 사고 싶은 옷이 있지만 어머니께서 사 주지 않으셨다. 그런데 가장 친한 친구인 효경이가 어느 날 그 옷을 사 입고 미영이 앞에 나타났다. 미영이는 효경이의 새 옷이 너무 부러워서 한 번 만져 보았다.

질문

① **누구**의 엄마가 새 옷을 사 주지 않았나요?

② 미영이는 효경이가 새 옷을 입고 왔을 때 **어떻게** 했나요?

③ 미영이는 **어떤 마음이** 들어서 효경이의 새 옷을 만져 봤나요?

줄거리 경주는 자신이 뚱뚱하고 못생겼다고 생각하였다. 그런데 텔레비전에 나오는 모델들은 모두 키가 크고 날씬하였다. 경주는 그 모델들이 너무 부러워서 살을 빼야겠다고 결심하였다.

질문

① 누가 뚱뚱한가요?

② 경주는 날씬한 모델들을 보고 어떤 결심을 했나요?

③ 경주는 날씬한 모델을 보고 어떤 마음이 들어 살을 빼기로 했나요?

바꾸어 쓸 수 있는 표현

주혜하고 짝이 점심시간에 도시락을 먹는데 짝은 김밥을 싸 왔어요. 주혜는 짝의 김밥 도시락이 부러울 때 어떻게 말할까요?

표현하기

넌 좋겠다.
아이, 부러워라.
우와, 김밥 맛있겠다.

보영이가 새로 산 로봇을 들고 왔는데 리모컨을 누르니까 말도 하고 움직였어요. 건우는 그런 로봇을 가진 보영이가 부러울 때 어떻게 말할까요?

표현하기

넌 좋겠다.
아이, 부러워라.
나도 그런 로봇을 갖고 싶어.

3단계 바꾸어 쓸 수 있는 표현

성진이가 형하고 구슬치기를 했는데 형이 구슬을 많이 땄어요. 성진이는 구슬을 많이 가진 형이 부러울 때 어떻게 말할까요?

표현하기

형은 참 좋겠다.
아이, 부러워라.
나도 구슬을 많이 갖고 싶어.

재혁이는 수학 시험에서 100점을 받았는데 우경이는 0점을 받았어요. 우경이는 100점을 받은 재혁이가 부러울 때 어떻게 말할까요?

표현하기

아이, 부러워라.
재혁이는 참 좋겠다.
나도 100점 받고 싶어.

1단계 불쌍하다 가엾고 애처로움

줄거리 수재는 길거리에서 추워서 떨고 있는 강아지를 보았다. 수재는 강아지가 길에 엎드려 떨고 있는 모습이 너무 불쌍해 보였다.

질문

① 수재는 길거리에서 **무엇을** 봤나요?

② 강아지는 **어떻게** 하고 있었나요?

③ 수재는 **왜** 강아지가 불쌍했나요?

줄거리 재범이는 감기에 걸려서 기침을 심하게 하여 목이 다 쉬었다. 보현이는 감기 때문에 고생하는 재범이를 보니 불쌍하였다.

질문

① **누가** 감기에 걸렸나요?

② 재범이는 기침 때문에 목이 **어떻게** 됐나요?

③ 보현이는 재범이가 **왜** 불쌍했나요?

줄거리 우리 동네에는 길에서 사는 거지가 있는데 먹을 게 없어서 쓰레기통을 뒤지고 다녔다. 그래서 마을 사람들은 거지가 불쌍하다고 음식을 갖다 주었다.

질문

① 거지는 **어디에** 사나요?

② 마을 사람들은 거지한테 **무엇을** 갖다 줬나요?

③ 거지가 **왜** 불쌍했나요?

줄거리 주말에 아버지께서 낚시해 온 물고기로 매운탕을 끓인다며 살아 있는 물고기를 칼로 자르려고 하셨다. 희정이는 물고기가 죽는다고 생각하니 너무 불쌍해서 울었다.

질문

① 아빠가 **무엇을** 잡아 왔나요?

② 아빠는 **언제** 물고기를 잡아 왔나요?

③ 희정이는 물고기가 **왜** 불쌍했나요?

줄거리 태훈이는 어머니와 마트에 갔다가 그만 어머니를 잃어 버렸다. 그래서 울고 있었는데 사람들은 지나가면서 쳐다보기만 하였다. 그런데 한 고등학생 형이 태훈이를 불쌍하게 여기고 자기 휴대폰으로 태훈이 어머니께 전화를 해서 다시 만나게 해 주었다.

질문

① 태훈이는 **어디에** 갔나요?

② 태훈이는 **왜** 울었나요?

③ 고등학생 형은 태훈이한테 **어떤 마음이** 들어서 도와줬나요?

줄거리 유정이네 반 친구들이 소풍을 갔다. 그런데 유정이의 짝 창민이는 어머니께서 편찮으셔서 도시락을 싸 오지 못하였다. 유정이는 도시락이 없어 점심을 먹지 못하는 창민이가 불쌍해서 자기 도시락을 나누어 주었다.

질문

① 유정이네 반은 **무엇을** 했나요?

② 창민이는 **왜** 도시락을 못 싸 왔나요?

③ 유정이는 도시락이 없는 창민이를 보고 **어떤 마음이** 들었나요?

바꾸어 쓸 수 있는 표현

수재는 길거리에서 추워서 떨고 있는 강아지를 봤어요. 수재는 밖에서 추위에 떨고 있는 강아지가 불쌍해 보일 때 어떻게 말할까요?

표현하기

아휴, 불쌍해.
아휴, 가엾어라.
주인이 버렸나 봐.

재범이가 감기에 걸렸는데 기침이 너무 심해서 목이 다 쉬었어요. 감기가 심하게 걸린 재범이가 불쌍해 보일 때 보현이는 어떻게 말할까요?

표현하기

아휴, 불쌍해.
재범아, 괜찮니?
감기에 걸리다니 안됐구나.

바꾸어 쓸 수 있는 표현

우리 동네에는 길에서 먹고 자는 거지가 있었는데 먹을 게 없을 때는 쓰레기통을 뒤지곤 했어요. 그런 거지가 불쌍해 보일 때 마을 사람들은 어떻게 말할까요?

표현하기

아휴, 불쌍해.
아휴, 가엾어라.
쓰레기통을 뒤지다니, 참 딱하구나.

아빠가 물고기를 잡아 오셔서 매운탕을 끓인다며 살아 있는 물고기를 칼로 자르려고 했어요. 희정이는 살아서 파닥거리는 물고기가 불쌍해 보일 때 어떻게 말할까요?

표현하기

아휴, 불쌍해라.
아휴, 가엾어라.
아휴, 살려 주면 안 돼요?

1단계

불편하다

몸이나 마음이 편하지 아니하고 괴로움

줄거리 명호는 어머니와 파마를 하러 미용실에 갔다. 머리를 말고 나서 파마 기계에 머리를 넣고 가만히 있으려니 명호는 너무 불편하였다.

질문

① 명호는 파마를 하러 **어디에** 갔나요?

② 명호는 **어떻게** 파마를 했나요?

③ 명호는 **왜** 불편했나요?

줄거리 선우는 지난 수요일에 넘어져서 오른팔을 다쳤다. 그래서 깁스를 하였는데 밥을 먹거나 글씨를 쓸 때 왼손을 사용해야 해서 너무 불편하였다.

질문

① 선우는 **어디를** 다쳤나요?

② 선우는 **언제** 팔을 다쳤나요?

③ 선우는 밥을 먹거나 글씨를 쓸 때 **왜** 불편했나요?

줄거리 이번 주부터 장마라서 비가 많이 왔다. 미란이는 우산을 쓰고 학교에 가는데 비바람이 너무 세게 불어서 걷기가 불편하였다.

질문

① **누가** 우산을 쓰고 학교에 갔나요?

② 미란이는 우산을 쓰고 **어디에** 갔나요?

③ 미란이는 **왜** 걷기가 불편했나요?

줄거리 선애와 미나는 학원에 가려고 버스를 탔는데 버스 안이 너무 복잡해서 불편하였다. 선애와 미나는 결국 중간에 내려서 학원까지 걸어갔다.

질문

① 선애하고 미나는 **어디에** 가려고 버스를 탔나요?

② 선애하고 미나가 탄 버스는 **어땠나요**?

③ 선애하고 미나는 **왜** 버스가 불편했나요?

줄거리 도경이네 마을과 윤수네 마을 사이에 있는 강에는 두 마을을 이어주는 외나무다리가 있었다. 이 다리는 한 사람씩 건널 수 있어서 건너편에서 사람이 오면 둘 중 한 명은 왔던 길을 되돌아가야 했다. 어느 날 윤수와 도경이가 다리에서 만났는데 왔던 길을 되돌아가는 게 불편하니까 서로 먼저 가겠다고 다투었다.

질문

① 도경이네 마을이랑 윤수네 마을 사이에는 **무엇이** 있었나요?

② 외나무다리에서는 건너편에서 사람이 오면 **어떻게** 해야 하나요?

③ 도경이랑 윤수는 **어떤 마음이** 들어서 서로 다투었나요?

줄거리 지윤이는 햄버거와 피자, 핫도그와 같은 군것질을 많이 하였다. 그러다가 갑자기 살이 찌는 바람에 입던 옷이 작아져서 몸에 꽉 끼어 불편하였다. 결국 지윤이는 어머니께 새 옷을 사달라고 했더니 살을 빼라고 하셨다.

질문

① **누가** 햄버거하고 피자를 많이 먹었나요?

② 지윤이는 햄버거하고 피자를 많이 먹어서 **어떻게** 되었나요?

③ 지윤이는 작아진 옷을 입으니 **어떤 마음이** 들었나요?

바꾸어 쓸 수 있는 표현

명호가 미용실에 가서 파마를 하는데 기계에 머리를 넣고 가만히 있어야 했어요. 명호는 파마를 하느라고 자세가 불편할 때 어떻게 말할까요?

표현하기

아휴, 불편해.
아이고, 움직일 수가 없네.
아이고, 꼼짝할 수가 없네.

선우가 오른팔을 다쳐서 깁스를 했어요. 선우는 밥 먹을 때나 글씨 쓸 때도 왼손을 사용해야 해서 불편할 때 어떻게 말할까요?

표현하기

아휴, 불편해.
아휴, 힘들어.
왼손으로 하려니, 아휴 어색해.

바꾸어 쓸 수 있는 표현

미란이가 등교를 하는데 비바람이 몹시 쳐서 우산을 쓰고 걸을 수가 없었어요. 미란이는 비바람 때문에 걷기가 불편할 때 어떻게 말할까요?

표현하기

아휴, 불편해.
아휴, 옷이 다 젖겠네.
아휴, 바람에 우산이 날아가겠네.

선애하고 미나는 학원에 가려고 버스를 탔는데 버스 안이 너무 복잡했어요. 선애하고 미나는 버스가 복잡해서 불편할 때 뭐라고 말할까요?

표현하기

아휴, 불편해.
아휴, 복잡해.
아휴, 사람들이 왜 이리 많아.

불평하다

마음에 들지 아니하여 못마땅하게 여김.
또는 못마땅한 것을 말이나 행동으로 드러냄

줄거리 선민이는 너무 더워서 부채질도 하고 선풍기도 켜 보았다. 그래도 시원해지지 않자 선민이는 어머니께 우리 집에는 왜 에어컨이 없냐며 불평하였다.

질문

① **누가** 부채질을 했나요?

② 선민이는 더워서 **어떻게** 했나요?

③ 선민이는 엄마한테 **무엇을** 불평했나요?

줄거리 민정이는 어머니께서 미용실에 가서 머리를 자르자고 해서 따라갔다. 그런데 민정이는 머리가 마음에 들지 않자, 어머니 때문에 머리가 이상하게 되었다고 불평을 늘어 놓았다.

질문

① **누가** 미용실에 가서 머리를 잘랐나요?

② 민정이는 자른 머리가 **어땠나요**?

③ 민정이는 **왜** 엄마한테 불평했나요?

줄거리 주희는 동생과 샌드위치를 만들어 먹고 부엌을 치우지 않았다. 어머니께서는 잔뜩 어지럽혀진 부엌을 보고 아이들에게 정리하지 않았다고 불평하였다.

질문

① **누가** 샌드위치를 만들어 먹었나요?

② 주희랑 동생이 샌드위치를 만들어 먹고 난 뒤 부엌이 **어떻게** 됐나요?

③ 엄마는 아이들한테 **왜** 불평했나요?

줄거리 동현이는 눈사람을 만들려고 장갑을 찾는데 아무리 뒤져도 보이지 않았다. 그러자 동현이는 어머니께 장갑을 어디에 두었냐며 불평하였다.

질문

① 동현이는 **무엇을** 찾았나요?

② 동현이는 **무엇을** 하려고 장갑을 찾았나요?

③ 동현이는 **왜** 엄마한테 불평했나요?

줄거리 저녁 식사 시간에 영혜는 식탁에 앉아 밥을 먹으려고 하였다. 그런데 마음에 드는 반찬이 없어서 어머니께 불평을 하였다. 그러고는 밥을 먹지 않으려고 하자 어머니께서는 반찬 투정을 하는 영혜를 혼내셨다.

질문

① 영혜는 **언제** 반찬 투정을 했나요?

② 영혜는 **왜** 반찬 투정을 했나요?

③ 영혜는 마음에 드는 반찬이 없다고 엄마한테 **어떻게** 했나요?

줄거리 범수는 어머니께 학교에서 친구들이 놀려서 힘들다고 불평을 늘어놓았다. 그래서 범수 어머니께서는 다음 날 친구들을 데려오라고 하셔서 떡볶이와 만두를 만들어 주셨다. 그 덕분에 범수는 친구들과 잘 지내게 되었다.

질문

① **누가** 범수를 놀렸나요?

② 엄마는 범수의 말을 듣고 **어떻게** 했나요?

③ 범수는 친구들이 놀려서 힘들다고 엄마한테 **어떻게** 했나요?

3단계

바꾸어 쓸 수 있는 표현

날씨가 너무 더웠는데 선민이네 집에는 에어컨이 없었어요. 선민이는 집에 에어컨이 없다고 엄마한테 불평할 때 어떻게 말할까요?

표현하기

아휴, 짜증나.
엄마, 너무 더워요.
왜 우리 집에는 에어컨이 없는 거예요?

민정이는 엄마를 따라 새로운 미용실에 가서 머리를 잘랐는데 머리 모양이 마음에 들지 않았어요. 민정이는 머리가 마음에 들지 않아 불평할 때 어떻게 말할까요?

표현하기

아휴, 짜증나.
엄마 때문에 머리가 이상하잖아요.
왜 그 미용실에 가자고 한 거예요?

바꾸어 쓸 수 있는 표현

주희하고 동생이 샌드위치를 만들어 먹은 후 부엌을 정리하지 않았어요. 엄마는 아이들이 부엌을 어질러 놓은 걸 보고 불평할 때 어떻게 말할까요?

표현하기

아니, 이게 뭐야?
다 먹었으면 치워야지.
엄마도 힘들어. 너희들이 치워.

동현이는 눈사람을 만들려고 장갑을 찾았는데 아무리 찾아도 보이지 않았어요. 동현이는 장갑이 없다고 엄마한테 불평할 때 어떻게 말할까요?

표현하기

아이, 짜증나.
아휴, 엄마! 내 장갑 어딨어요?
엄마, 도대체 장갑 어디에 둔 거예요?

1단계 사랑하다 누군가를 좋아하고 아끼며 소중히 여기는 마음

줄거리 수민이 어머니께서는 수민이를 무척 사랑하신다. 그래서 아침마다 학교 가기 전에 뽀뽀하고 안아 주면서 잘 다녀오라고 하신다.

질문

① **누가** 수민이한테 뽀뽀해 주나요?

② 수민이 엄마는 수민이한테 **언제** 뽀뽀해 주나요?

③ 수민이 엄마는 수민이를 사랑해서 아침마다 **어떻게** 하나요?

줄거리 이모와 이모부께서는 지난 5월에 결혼하셨다. 이모부께서는 이모를 사랑해서 퇴근하자마자 집으로 곧장 오신다.

질문

① **누가** 결혼을 했나요?

② 이모와 이모부는 **언제** 결혼했나요?

③ 이모부는 이모를 사랑해서 **어떻게** 하나요?

줄거리 어머니께서는 아기를 사랑하신다. 그래서 늘 아기를 안아 주고 기저귀도 갈아 주며 잘 보살펴 주신다.

질문

① **누가** 아기를 사랑하나요?

② 엄마는 아기를 **왜** 잘 보살펴 주나요?

③ 엄마는 아기를 사랑해서 **어떻게** 하나요?

줄거리 남자가 여자의 어깨에 손을 올리고 다정하게 길을 걷고 있었다. 둘은 서로 사랑하는 사이인 것 같았다.

질문

① **누가** 여자 어깨에 손을 올렸나요?

② 남자하고 여자는 **어떤** 사이인가요?

③ 남자하고 여자가 서로 사랑해서 **어떻게** 걸었나요?

줄거리 부모님께서는 우리들을 사랑하신다. 아버지께서는 우리들을 위해 회사에서 열심히 일하시고 퇴근 후에는 우리와 잘 놀아주신다. 어머니께서는 우리들을 위해 맛있는 음식을 해 주시고 잘 보살펴 주신다.

질문

① **누가** 우리를 사랑하나요?

② 부모님은 우리를 위해 **어떤** 일을 하나요?

③ 부모님은 우리한테 **어떤 마음을** 가지고 있나요?

줄거리 동운이의 형이 거울을 보고 무슨 옷을 입을지 고르고 있었다. 동운이가 형에게 어디에 가냐고 물어봤더니 사랑하는 여자 친구를 만나러 간다고 하였다. 형은 여자 친구와 3년 동안 사귀었다면서 나중에 결혼도 할 거라고 하였다.

질문

① 동운이 형은 거울 앞에서 **무엇을** 고르고 있었나요?

② 동운이 형은 **왜** 거울을 보면서 옷을 고르고 있었나요?

③ 동운이 형은 여자 친구한테 **어떤 마음을** 가지고 있었나요?

바꾸어 쓸 수 있는 표현

수민이 엄마는 수민이한테 뽀뽀도 해 주고 학교에 잘 다녀오라고 안아 줘요. 엄마는 수민이를 사랑할 때 어떻게 말할까요?

표현하기

수민아, 사랑해.
우리 수민이가 제일 좋아.
우리 수민이가 최고야.

이모하고 이모부는 서로 좋아해서 결혼했어요. 이모하고 이모부는 서로 사랑할 때 어떻게 말할까요?

표현하기

사랑해.
아주 많이 좋아해.
당신은 나한테 매우 소중한 사람이야.

3단계 바꾸어 쓸 수 있는 표현

엄마는 아기를 안아 주고 기저귀도 갈아 주며 잘 보살펴 줘요. 엄마가 아기를 사랑할 때 어떻게 말할까요?

표현하기

사랑해.
우리 아기 예뻐.
우리 귀한 아기.

남자가 여자 어깨에 손을 올리고 다정하게 길을 걸어가요. 여자는 자신을 아껴 주는 남자를 사랑할 때 어떻게 말할까요?

표현하기

사랑해.
좋아해.
항상 같이 있고 싶어.

샘내(나)다

남의 처지나 물건을 탐내거나, 자기보다 나은 처지에 있는 사람을 미워함

줄거리 은정이는 어머니께서 자기보다 동생에게 새 옷도 많이 사 주고 먹을 것도 많이 챙겨 주시는 것 같았다. 그래서 은정이는 동생에게 샘이 났다.

질문

① 은정이는 엄마가 **누구를** 더 많이 챙겨 주는 것 같았나요?

② 엄마는 동생한테 **어떻게** 해 줬나요?

③ 은정이는 동생한테 **왜** 샘이 났나요?

줄거리 지난 목요일에 미혜가 모자를 쓰고 왔는데 채원이는 그 모자가 정말 마음에 들었다. 그런데 채원이는 자기에게는 미혜처럼 예쁜 모자가 없어서 괜히 샘이 났다.

질문

① 채원이는 **누구의** 모자가 마음에 들었나요?

② 미혜는 **언제** 모자를 쓰고 왔나요?

③ 채원이는 **왜** 미혜한테 샘이 났나요?

줄거리 이모는 우리 집에 놀러 와서 이모부께서 사 주셨다면서 반지를 보여 주었다. 어머니께서는 이모처럼 예쁜 반지가 없어서 괜히 샘이 났다.

질문

① **누가** 이모한테 반지를 사 줬나요?

② 이모는 엄마한테 **무엇을** 보여 줬나요?

③ 엄마는 이모 반지를 보고 **왜** 샘이 났나요?

줄거리 민주와 성민이가 함께 블록으로 성을 만들었는데 선생님께서 잘 만들었다며 민주만 칭찬해 주셨다. 성민이는 민주에게 샘이 나서 성을 무너뜨렸다.

질문

① **누가** 블록으로 성을 만들었나요?

② 선생님은 **누구만** 칭찬해 줬나요?

③ 성민이는 **왜** 민주한테 샘이 났나요?

줄거리 지연이와 동생이 예쁜 원피스를 입고 거울을 보았다. 그런데 지연이는 동생의 옷이 더 예쁜 것 같아 샘이 나서 동생에게 옷을 바꿔 입자고 졸랐다. 동생이 옷을 바꿔 입기 싫다고 했는데도 지연이가 억지로 옷을 뺏으려다가 그만 원피스를 찢었다.

질문

① 지연이는 **누구의** 원피스를 입어 보고 싶었나요?

② 지연이하고 동생이 싸우다가 원피스가 **어떻게** 됐나요?

③ 지연이는 **어떤 마음이** 들어서 동생한테 원피스를 바꿔 입자고 했나요?

줄거리 종민이는 창욱이의 새 휴대폰을 만져 보고 싶었다. 그런데 창욱이는 종민이에게 자기 휴대폰에 손도 대지 못하게 하였다. 종민이는 샘이 나서 쉬는 시간에 창욱이가 화장실에 가고 없을 때 휴대폰에 낙서를 해 놓았다.

질문

① **누가** 휴대폰을 새로 샀나요?

② 창욱이는 종민이한테 **어떻게** 했나요?

③ 종민이는 **어떤 마음이** 들어서 창욱이 휴대폰에 낙서를 했나요?

바꾸어 쓸 수 있는 표현

은정이는 엄마가 동생만 예뻐하는 것 같았어요. 은정이는 그런 동생한테 샘날 때 어떻게 말할까요?

표현하기

아휴, 샘나.
아휴, 얄미워.
쳇! 엄마는 동생만 예뻐하고.

미혜가 예쁜 모자를 쓰고 왔는데 채원이는 미혜 모자가 매우 마음에 들었어요. 채원이는 예쁜 모자를 가진 미혜한테 샘날 때 어떻게 말할까요?

표현하기

아휴, 샘나.
내가 쓰면 더 예쁠 텐데.
그 모자 너하고 안 어울린다.

3단계

바꾸어 쓸 수 있는 표현

이모는 우리 집에 놀러와 이모부가 사 주었다면서 반지를 보여 줬어요. 엄마는 좋은 반지를 가진 이모한테 샘날 때 어떻게 말할까요?

표현하기

아휴, 샘나.
그 반지 가짜 같아.
별로 좋지도 않네.

민주하고 성민이가 함께 블록으로 멋진 성을 만들었는데 선생님이 민주만 칭찬해 줬어요. 성민이는 그런 민주한테 샘날 때 어떻게 말할까요?

표현하기

아휴, 샘나.
칫! 나랑 같이 만든 건데.
별로 잘 만들지도 못했네.

1단계

섭섭하다 서운하고 아쉬움

줄거리 진수네 집에 오랜만에 고모가 놀러 오셨다가 저녁만 드시고 가겠다고 하셨다. 진수는 너무 섭섭해서 눈물을 흘리며 고모를 붙잡았다.

질문

① 진수네 집에 **누가** 놀러 왔나요?

② 고모는 진수네 집에 와서 **어떻게** 했나요?

③ 진수는 **왜** 고모한테 섭섭했나요?

줄거리 어머니께서는 식사 시간 때마다 동생 영인이만 밥을 먹여 주시고 잘 챙겨 주신다. 정재는 어머니께서 동생만 챙겨 주시는 게 너무 섭섭하였다.

질문

① **누가** 영인이한테 밥을 먹여 줬나요?

② 엄마는 동생한테 **어떻게** 했나요?

③ 정재는 **왜** 엄마한테 섭섭했나요?

줄거리 호진이네 집에 정화가 놀러 와서 재미있게 놀았는데, 저녁 시간이 되자 정화가 집에 간다고 하였다. 호진이는 더 놀고 싶은데 정화가 간다고 해서 너무 섭섭하였다.

질문

① 호진이네 집에 **누가** 놀러왔나요?

② 정화는 **언제** 집에 간다고 했나요?

③ 호진이는 **왜** 섭섭했나요?

줄거리 수지와 찬우가 사소한 일로 크게 다투고 난 뒤 화가 난 수지는 찬우를 모른 척하였다. 찬우는 용기를 내어 먼저 인사를 했는데 수지가 모른 척해서 너무 섭섭하였다.

질문

① 찬우는 **누구하고** 다투었나요?

② 찬우는 용기를 내어 수지한테 **어떻게** 했나요?

③ 찬우는 수지한테 **왜** 섭섭했나요?

줄거리 영주 어머니께서 백화점에 쇼핑을 하러 가셨다. 그런데 동생 경진이의 모자와 바지만 사 오시고 영주의 것은 하나도 사 오지 않으셨다. 영주는 너무 섭섭해서 눈물이 다 났다.

질문

① 영주 엄마는 **어디에** 갔나요?

② 영주 엄마는 **무엇을** 사 왔나요?

③ 영주는 동생 옷만 사 온 엄마한테 **어떤 마음이** 들었나요?

줄거리 현민이가 민욱이를 바보라고 놀리며 괴롭혔다. 그런데 민욱이의 짝 수빈이는 그 모습을 보고도 못 본 척하며 지나갔다. 민욱이는 자기를 도와주지 않고 그냥 지나가는 짝 수빈이에게 섭섭한 마음이 들었다.

질문

① 민욱이는 **누구한테** 놀림을 받았나요?

② 수빈이는 놀림을 받는 짝 민욱이를 보고 **어떻게** 했나요?

③ 민욱이는 모른 채 지나가는 짝 수빈이한테 **어떤 마음이** 들었나요?

바꾸어 쓸 수 있는 표현

진수네 집에 오랜만에 고모가 놀러 왔는데 저녁만 먹고 간다고 했어요. 진수는 고모가 집에 가려고 해서 섭섭할 때 어떻게 말할까요?

표현하기

아휴, 섭섭해.
아! 조금만 더 있다 가요.
고모가 집에 간다니 아쉬워.

엄마는 식사 시간 때마다 동생만 밥을 먹여 주고 챙겨 줬어요. 정재는 엄마가 동생만 챙겨 줘서 섭섭할 때 어떻게 말할까요?

표현하기

아휴, 섭섭해.
난 안 챙겨 주고.
아휴, 서운해. 엄마는 동생만 좋아해.

3 단계

바꾸어 쓸 수 있는 표현

호진이네 집에 정화가 놀러 와서 같이 놀다가 저녁 식사 시간이 되자 집에 간다고 했어요. 호진이는 정화가 간다고 해서 섭섭할 때 어떻게 말할까요?

표현하기

아휴, 섭섭해.
정화야! 벌써 가야 해?
더 놀다 가면 좋을 텐데 아쉬워.

수지하고 찬우가 크게 다투어서 말을 하지 않고 지내다가 찬우가 먼저 용기를 내어 인사를 했어요. 그런데 수지가 모른 척해서 섭섭할 때 찬우는 어떻게 말할까요?

표현하기

아휴, 섭섭해.
아! 말 걸지 말길.
내가 먼저 인사했는데 쳐다보지도 않네.

속상하다 마음이 불편하고 우울함

줄거리 혜림이는 오늘 소풍을 가기로 해서 과자와 음료수를 잔뜩 샀다. 그런데 비가 오는 바람에 소풍을 못 가게 되어서 혜림이는 너무 속상하였다.

질문

① 혜림이는 오늘 **무엇을** 하기로 했나요?

② 비가 와서 소풍을 가기로 한 것은 **어떻게** 됐나요?

③ 혜림이는 **왜** 속상했나요?

줄거리 주빈이의 형은 매번 주빈이의 장난감이나 간식을 뺏어 갔다. 주빈이가 안 주려고 하면 때리고 괴롭혀서 주빈이는 형 때문에 너무 속상하였다.

질문

① **누가** 주빈이를 괴롭혔나요?

② 주빈이의 형은 주빈이한테 **어떻게** 했나요?

③ 주빈이는 형 때문에 **왜** 속상했나요?

줄거리 동연이는 수학 숙제를 열심히 했는데 선생님께서 숙제 검사를 하시며 문제를 엉터리로 풀었다고 야단치셨다. 동연이는 열심히 했는데도 혼이 나서 너무 속상하였다.

질문

① **누가** 수학 숙제를 열심히 했나요?

② 선생님은 숙제 검사를 하며 동연이한테 **어떻게** 했나요?

③ 동연이는 **왜** 속상했나요?

줄거리 혁진이의 생일날, 아버지께서 혁진이에게 멋진 장난감 비행기를 사 주셨다. 그런데 친구가 놀다가 비행기를 밟아서 망가뜨리자 혁진이는 너무 속상하였다.

질문

① **누가** 장난감 비행기를 사 줬나요?

② 아빠는 **언제** 장난감 비행기를 사 줬나요?

③ 혁진이는 **왜** 속상했나요?

줄거리 민규는 중간고사 때 공부를 열심히 하였다. 그런데 시험을 칠 때 답지에 답을 한 칸씩 내려 쓰는 바람에 0점을 받았다. 그래서 학교에서는 선생님께 야단을 맞고 집에 와서는 어머니께 호되게 꾸중을 들었다. 민규는 너무 속상해서 책상에 엎드려 엉엉 소리 내어 울었다.

질문

① 민규는 **언제** 공부를 열심히 했나요?

② 민규는 시험에서 **왜** 0점을 받았나요?

③ 민규는 선생님하고 엄마한테 야단을 맞아서 **어떤 마음이** 들었나요?

줄거리 상희는 저녁 늦게 텔레비전으로 만화를 보고 있었다. 그런데 어머니께서 밤이 늦었으니까 그만 자라면서 텔레비전을 꺼 버리셨다. 상희는 다시 켜 달라고 떼를 쓰며 울다가 벌을 받았다. 상희는 만화도 못 보고 벌도 받아서 너무 속상하였다.

질문

① 상희는 **언제** 텔레비전을 보고 있었나요?

② 상희는 엄마가 텔레비전을 껐을 때 **어떻게** 했나요?

③ 상희는 엄마가 텔레비전도 끄고 벌도 세워서 **어떤 마음이** 들었나요?

3단계

바꾸어 쓸 수 있는 표현

혜림이는 소풍을 간다고 과자랑 음료수를 샀는데 비가 와서 못 가게 됐어요. 혜림이는 소풍을 못 가게 돼서 속상할 때 어떻게 말할까요?

표현하기

아휴, 속상해
하필이면 왜 오늘 비가 와.
소풍 가는 날 비 오니까 화가 나.

주빈이 형은 매번 주빈이 간식이랑 장난감을 뺏었어요. 주빈이는 자기를 때리고 괴롭히는 형 때문에 속상할 때 어떻게 말할까요?

표현하기

아휴, 화나.
아휴, 속상해.
형! 왜 자꾸 날 괴롭히는 거야?

바꾸어 쓸 수 있는 표현

동연이는 수학 숙제를 열심히 했는데 선생님이 문제를 엉터리로 풀었다고 야단쳤어요. 동연이는 열심히 했는데도 혼나서 속상할 때 어떻게 말할까요?

표현하기

아휴, 화나.
아휴, 속상해.
선생님! 저 정말 숙제 열심히 했어요.

혁진이는 생일날, 아빠한테 멋진 장난감 비행기를 선물로 받았는데 친구가 놀다가 비행기를 밟아서 망가뜨렸어요. 혁진이는 비행기가 망가져서 속상할 때 어떻게 말할까요?

표현하기

아휴, 속상해.
이거 어떻게 할 거야?
새 장난감인데 너 때문에 다 망가졌잖아.

시원하다 답답한 마음이 풀리어 흐뭇하고 가뿐함

줄거리 교실에서 성재와 준석이가 싸우는 것을 내가 말렸는데도 계속 싸웠다. 그러다가 선생님께 들켜서 성재와 준석이가 벌을 받게 되자 나는 속이 다 시원하였다.

질문

① 나는 **누가** 싸우는 걸 말렸나요?

② 성재하고 준석이는 싸우다가 **어떻게** 됐나요?

③ 나는 **왜** 속이 시원했나요?

줄거리 재민이는 동생이 자기 블록을 망가뜨려서 화가 났는데 어머니께서 어질러진 장난감을 보고 동생만 혼내셨다. 동생이 야단맞는 모습을 보니까 재민이는 속이 시원하였다.

질문

① **누가** 재민이 블록을 망가뜨렸나요?

② 엄마는 동생한테 **어떻게** 했나요?

③ 재민이는 **왜** 속이 시원했나요?

줄거리 은아는 다혜와 눈싸움을 하다가 얼굴에 눈을 맞아 아팠는데 마침 다른 친구가 던진 눈에 다혜가 맞았다. 다혜가 맞는 모습을 보니까 은아는 속이 다 시원하였다.

질문

① 은아하고 다혜는 **무엇을** 했나요?

② 은아는 **어디에** 눈을 맞았나요?

③ 은아는 **왜** 속이 시원했나요?

줄거리 용찬이는 지민이가 새 옷을 샀다고 너무 자랑을 해서 얄미웠다. 그런데 마침 차가 지나가면서 지민이의 새 옷에 흙탕물이 튀는 것을 보고 용찬이는 속이 다 시원하였다.

질문

① 지민이는 **무엇을** 자랑했나요?

② 차가 지나가자 지민이 새 옷이 **어떻게** 됐나요?

③ 용찬이는 **왜** 속이 시원했나요?

줄거리 싸움을 잘하는 원기가 갑자기 복도에서 영규를 불러 세우더니 다짜고짜 때렸다. 영규는 아무 말도 못하고 맞고만 있었는데 지나가던 선생님께서 보시고 원기를 크게 야단치셨다. 영규는 원기가 야단맞는 모습을 보니 속이 시원하였다.

질문

① **누가** 영규를 때렸나요?

② 선생님은 영규를 괴롭히던 원기를 **어떻게** 했나요?

③ 영규는 원기가 선생님한테 야단맞는 모습을 보고 **어떤 마음이** 들었나요?

줄거리 은혜가 동생 민아의 인형을 뺏어 가서 주지 않았다. 민아가 속상해서 울고 있었는데 어머니께서 보시고 민아에게 인형을 돌려주라고 하셨다. 그런데 은혜는 어머니의 말씀을 듣지 않고 고집을 부리다가 벌을 받았다. 동생 민아는 언니가 벌 받는 모습을 보니 속이 시원하였다.

질문

① **누가** 민아 인형을 뺏어 갔나요?

② 민아는 **왜** 울고 있었나요?

③ 언니가 야단맞는 걸 보고 동생 민아는 **어떤 마음이** 들었나요?

바꾸어 쓸 수 있는 표현

교실에서 성재랑 준석이가 싸우는 걸 내가 말렸는데 계속 싸우다가 선생님한테 들켜서 벌을 받았어요. 나는 혼나는 친구들을 보고 속이 시원할 때 어떻게 말할까요?

표현하기

아이, 시원해.
아이, 고소해.
아이, 통쾌해.

재민이는 동생이 블록을 망가뜨려서 화가 났는데 엄마가 어질러진 장난감을 보고 동생만 혼냈어요. 재민이는 혼나는 동생 모습을 보고 속이 시원할 때 어떻게 말할까요?

표현하기

아이, 고소해.
너 내 블록 부서뜨려서 벌 받는 거야.
너 엄마한테 혼나는 거 보니까 속이 시원하다.

바꾸어 쓸 수 있는 표현

은아는 다혜하고 눈싸움을 하다가 얼굴에 맞아 속상했는데 마침 다른 친구가 던진 눈에 다혜가 맞았어요. 은아는 다혜가 아파하는 모습을 보고 속이 시원할 때 어떻게 말할까요?

표현하기

아이, 시원해
아이, 쌤통이다.
너도 얼굴에 눈 맞으니까 아프지?

지민이는 새 옷을 샀다고 친구들한테 자랑하며 다녔는데 지민이 옷에 흙탕물이 튀었어요. 용찬이는 더러워진 지민이 모습을 보고 속이 시원할 때 어떻게 말할까요?

표현하기

아이, 속이 시원하다.
옷 자랑하고 다니더니 고소하다.
흙탕물 뒤집어 써서 통쾌하다.

신 나다 어떤 일에 흥미가 있어 재미있고 즐거움

줄거리 민석이네 가족은 지난 주말에 강원도로 여행을 갔다. 차를 타고 출발하자 민석이는 아주 신이 났다.

질문

① 민석이네 가족은 **어디에** 갔나요?

② 민석이는 **언제** 가족 여행을 갔나요?

③ 민석이는 **왜** 신이 났나요?

줄거리 순일이가 문방구 앞에 있는 게임기로 게임을 하였다. 순일이는 계속 이기니까 신이 나서 2시간 동안이나 게임을 하였다.

질문

① 순일이는 **어디에서** 게임을 했나요?

② 순일이는 **얼마 동안** 게임을 했나요?

③ 순일이는 **왜** 신이 났나요?

줄거리 오늘은 재형이가 소풍을 가는 날이다. 재형이는 친구들과 소풍을 가서 너무 신이 났다.

질문

① 재형이는 **어디를** 가나요?

② 재형이는 **언제** 소풍을 가나요?

③ 재형이는 **왜** 신이 났나요?

줄거리 주현이는 저녁에 아버지께 자전거 타는 법을 배웠다. 주현이는 자전거를 잘 타게 되자 신이 나서 한 손을 놓고도 타 보았다.

질문

① 주현이는 **누구한테** 자전거 타는 법을 배웠나요?

② 주현이가 자전거를 잘 타게 되자 **어떻게** 했나요?

③ 주현이는 **왜** 신이 났나요?

줄거리 진영이네 가족이 어제 노래방에 갔다. 진영이는 앞에 나가 노래를 부르면서 춤도 추었다. 그랬더니 동생도 신이 나서 함께 일어나 탬버린을 흔들며 춤을 추었다.

질문

① 진영이네 가족은 **어디에** 갔나요?

② 진영이 동생은 신이 나서 **어떻게** 했나요?

③ 진영이가 노래할 때 동생은 **어떤 마음이** 들었나요?

줄거리 영호가 경란이네 집에 놀러가서 함께 소꿉놀이를 하였다. 영호는 아버지가 되고 경란이는 어머니가 되었다. 영호는 소꿉놀이하는 동안 아버지가 된 것이 신이 나서 아버지처럼 씩씩하게 말하였다. 그리고 경란이에게 다음에 또 하자고 하였다.

질문

① 영호는 경란이하고 **무엇을** 했나요?

② 영호는 **무잇이** 신이 났나요?

③ 영호는 소꿉놀이하는 동안 **어떤 마음이** 들었나요?

3 단계

바꾸어 쓸 수 있는 표현

민석이네 가족은 지난 주말에 여행을 갔어요. 민석이는 가족하고 여행을 가게 되어 신이 날 때 어떻게 말할까요?

표현하기

아이, 좋아.
우와, 신 난다.
다음에 또 갔으면 좋겠다.

순일이는 문방구 앞에 있는 게임기로 게임을 했는데 계속 이겼어요. 순일이는 게임에 이겨서 신이 날 때 어떻게 말할까요?

표현하기

아이, 좋아.
우와, 신 난다.
우와, 정말 재밌다.

3단계 바꾸어 쓸 수 있는 표현

재형이는 오늘 소풍을 갔어요. 재형이는 같은 반 친구들하고 소풍을 가게 되어 신이 날 때 어떻게 말할까요?

표현하기

아이, 좋아
우와, 신 난다.
오늘 정말 재밌겠다.

주현이가 아빠한테 자전거 타는 법을 배워 운동장에서 자전거를 탔어요. 주현이는 자전거를 잘 타게 되어 신이 날 때 어떻게 말할까요?

표현하기

아이, 좋아.
우와, 신 난다.
아이, 재밌다.

1단계 실망하다 바라던 일이 뜻대로 되지 아니하여 마음이 몹시 상함

줄거리 선희는 아버지께서 퇴근하실 때 아이스크림을 사 오실 줄 알았는데 우유를 사 오셨다. 선희는 실망스러워 고개를 숙였다.

질문

① **누가** 우유를 사 왔나요?

② 아빠는 **언제** 우유를 사 왔나요?

③ 선희는 우유를 보고 **왜** 실망했나요?

줄거리 생일날 준희는 장난감 배를 받고 싶었는데 어머니께서 인형을 선물로 주셨다. 준희는 실망스러워 인형은 만져 보지도 않았다.

질문

① 준희는 **무엇을** 선물로 받고 싶었나요?

② 준희는 **언제** 엄마한테 인형을 받았나요?

③ 준희는 **왜** 인형을 선물 받고 실망했나요?

줄거리 영숙이는 그네를 타고 싶어서 놀이터로 달려 갔다. 그런데 그네 줄이 끊어져 탈 수 없게 되자 영숙이는 실망스러웠다.

질문

① 영숙이는 **무엇을** 타고 싶었나요?

② 영숙이는 그네를 타러 **어디에** 갔나요?

③ 영숙이는 놀이터에 가서 **왜** 실망했나요?

줄거리 수영 국가대표 선수 수환이는 늘 1등만 하였는데 이번 올림픽 대회에서는 그만 꼴찌를 하고 말았다. 수환이는 꼴찌를 한 자신에게 너무 실망하였다.

질문

① 수환이는 **무슨** 선수인가요?

② 수환이는 올림픽 수영 경기에서 **어떻게** 됐나요?

③ 수환이는 **왜** 자신한테 실망했나요?

줄거리 규철이네 가족은 주말에 놀이공원에 갔다. 그런데 주차를 할 때도 놀이기구를 탈 때도 사람이 너무 많아서 줄을 오래 서야 하였다. 그렇게 오랜 시간을 기다려 놀이기구를 탔는데 시시하였다. 규철이네 가족은 너무 실망스러워 일찍 집으로 와 버렸다.

질문

① 규철이네 가족은 **언제** 놀이공원에 갔나요?

② 규철이는 오래 기다려서 탄 놀이기구가 **어땠나요**?

③ 규철이네 가족은 놀이공원에서 **어떤 마음이** 들어 일찍 집으로 왔나요?

줄거리 저녁에 원민이의 어머니께서 햄버그스테이크를 만들어 주겠다고 하셨다. 원민이는 어머니께서 얼마나 맛있게 만드나 옆에서 지켜보았다. 고소한 냄새에 원민이는 잔뜩 기대하고 햄버그스테이크를 먹었는데 맛이 실망스러워 얼굴을 찡그렸다.

질문

① 원민이 엄마는 **무엇을** 만들어 줬나요?

② 원민이는 엄마가 햄버그스테이크를 만드는 동안 **무엇을** 했나요?

③ 원민이는 햄버그스테이크를 먹으면서 **어떤 마음이** 들었나요?

바꾸어 쓸 수 있는 표현

선희는 아빠가 아이스크림을 사 오실 거라 생각했는데 우유를 사 왔어요. 선희는 우유를 보고 실망스러울 때 어떻게 말할까요?

표현하기

이게 뭐야? 우유잖아.
난 아이스크림 먹고 싶었는데.
아이스크림 사 왔으면 더 좋았을 텐데.

생일날 준희는 장난감 배를 받고 싶었는데 엄마가 인형을 선물로 줬어요. 준희는 인형을 선물로 받고 실망스러울 때 어떻게 말할까요?

표현하기

이게 뭐야? 인형이잖아.
난 장난감 배를 받고 싶었는데.
장난감 배라면 더 좋았을 텐데.

바꾸어 쓸 수 있는 표현

영숙이는 그네를 타러 놀이터로 달려 갔는데 그네 줄이 끊어져 있었어요. 영숙이는 그네를 탈 수 없게 되어 실망스러울 때 어떻게 말할까요?

표현하기

오늘 진짜 그네 타고 싶었는데.
이게 뭐야? 그네를 탈 수 없잖아.
아이, 속상해. 그네 줄이 끊어졌잖아.

늘 1등만 하던 수환이가 수영선수로 올림픽 대회에 나갔는데 꼴찌를 했어요. 수환이는 꼴찌를 해서 자신한테 실망스러울 때 어떻게 말할까요?

표현하기

이게 뭐야? 꼴찌잖아.
내가 1등일 줄 알았는데…
난 메달을 딸 거라고 생각했는데…

1단계

심술부리다 남을 괴롭히거나 남이 잘못되도록 행동함

줄거리 방과 후에 영준이는 여자 친구에게 사탕을 받았다. 그것을 본 짝 은비가 괜히 심술을 부리며 영준이의 사탕을 뺏었다.

질문

① **누가** 여자 친구한테 사탕을 받았나요?

② 영준이는 여자 친구한테 **무엇을** 받았나요?

③ 은비는 심술이 나서 **어떻게** 했나요?

줄거리 성미는 유경이가 만든 블록이 자기 것보다 멋있어 보이자 심술이 났다. 그래서 성미는 유경이가 만든 블록을 넘어뜨렸다.

질문

① **누가** 유경이 블록을 넘어뜨렸나요?

② 성미는 **누구의** 블록이 멋있어 보였나요?

③ 성미는 심술이 나서 유경이 블록을 **어떻게** 했나요?

줄거리 상훈이와 동생이 30분씩 돌아가며 컴퓨터 게임을 하기로 하였다. 그런데 동생이 게임에서 지자 심술을 부리며 자리를 비켜주지 않았다.

질문

① 상훈이랑 동생은 **무엇을** 30분씩 하기로 했나요?

② 동생은 게임에서 **어떻게** 됐나요?

③ 동생은 게임에서 지자 심술이 나서 **어떻게** 했나요?

줄거리 오늘 시험지를 받았는데 재준이는 짝 혜경이보다 점수가 낮았다. 그러자 재준이는 괜히 심술이 나서 짝 혜경이를 때렸다.

질문

① **누가** 시험을 더 잘 쳤나요?

② 재준이는 혜경이한테 **어떻게** 했나요?

③ 재준이는 심술이 나서 **어떻게** 했나요?

줄거리 재윤이가 미술 시간에 그림을 그리는데 수현이가 자기보다 더 잘 그리고 있었다. 그러자 재윤이는 심술이 나서 수현이의 스케치북에 낙서를 하고 붓을 뺏었다. 그러다가 선생님께 혼났다.

질문

① **누가** 그림을 잘 그렸나요?

② 재윤이는 수현이가 자기보다 그림을 잘 그리자 **어떻게** 했나요?

③ 재윤이는 수현이 그림을 보고 **어떤 마음이** 들어서 수현이를 괴롭혔나요?

줄거리 희진이는 올해 초등학교에 입학을 한다. 그래서 희진이 어머니께서는 희진이에게 새 옷과 새 가방을 사 주셨다. 그런데 동생 은주가 자기도 새 것을 갖고 싶다며 희진이의 새 옷과 가방을 뺏으면서 심술을 부렸다.

질문

① **누가** 새 옷이랑 가방을 샀나요?

② 희진이 동생은 희진이의 새 옷이랑 가방을 보자 **어떻게** 했나요?

③ 동생은 **어떤 마음이** 들어서 희진이의 새 물건을 뺏었나요?

3단계

바꾸어 쓸 수 있는 표현

영준이가 여자 친구한테 사탕을 받았는데 짝 은비가 괜히 사탕을 뺏어 가요. 은비는 사탕을 뺏으며 심술부릴 때 어떻게 말할까요?

표현하기

아이, 심술 나.
내가 사탕 멀리 던져 버릴 거야.
사탕 이리 줘. 내가 먹을 거야.

성미는 유경이가 만든 블록이 자기 것보다 멋있어 보이자 유경이의 블록을 넘어뜨렸어요. 성미는 블록을 넘어뜨리면서 심술부릴 때 어떻게 말할까요?

표현하기

아이, 심술 나.
아이, 블록 저리 치워.
네 블록 하나도 안 멋있어.

3단계 바꾸어 쓸 수 있는 표현

상훈이하고 동생은 30분씩 돌아가며 컴퓨터 게임을 하기로 했는데 동생이 자리를 비켜 주지 않았어요. 동생은 형한테 자리를 비켜 주지 않으면서 심술부릴 때 어떻게 말할까요?

표현하기

형은 아까 많이 했잖아.
형 저리 가. 내가 더 할 거야.
아이, 심술 나. 형이 게임하는 건 싫어.

재준이는 시험에서 짝 혜경이보다 점수가 낮았어요. 재준이가 혜경이를 때리며 심술부릴 때 어떻게 말할까요?

표현하기

아이, 바보야. 저리 가.
야, 빨리 비키지 못해?
아이, 심술 나. 난 네가 괜히 싫어.

심심하다 할 일이나 재미 붙일 데가 없어 시간 보내기가 지루하고 따분함

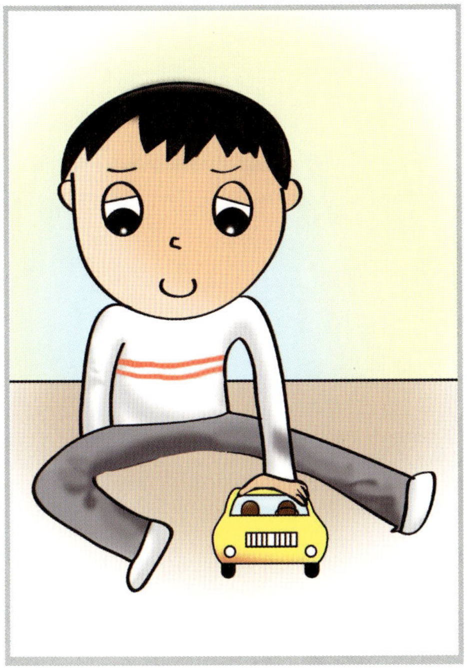

줄거리 재호는 감기가 심해서 오늘 학교에 가지 못하였다. 집에서 혼자서 놀고 있으니 재호는 심심하였다.

질문

① **누가** 감기에 걸렸나요?

② 재호는 **언제** 학교에 못 갔나요?

③ 재호는 **왜** 심심했나요?

줄거리 어머니와 아버지께서 드라마를 보시느라 재경이와 놀아 주시지 않았다. 그래서 재경이는 너무 심심해서 소파에 멍하니 엎드려 있었다.

질문

① 재경이 부모님은 **무엇을** 했나요?

② 재경이는 아무도 놀아 주지 않아서 **어떻게** 했나요?

③ 재경이는 **왜** 심심했나요?

1 단계

줄거리 민호의 동생은 형이 같이 놀아 주지 않아서 심심하였다. 그래서 휴지를 찢으며 방에서 혼자 놀았다.

질문

① **누가** 휴지를 찢었나요?

② 민호 동생은 **무엇을** 하며 놀았나요?

③ 민호 동생은 **왜** 심심했나요?

줄거리 진주는 혼자서 색종이 오리기를 하다가 심심하였다. 그래서 들고 있던 가위로 자기의 머리를 잘라 보았다.

질문

① 진주는 **누구랑** 색종이 오리기를 했나요?

② 진주는 **무엇으로** 색종이를 잘랐나요?

③ 진주는 **왜** 심심했나요?

줄거리 효민이가 일요일 아침에 늦잠을 자고 일어나 보니 집에 아무도 없었다. 어머니께 전화하니 운동을 하신다고 좀 더 기다리라고 하셨다. 효민이는 혼자 있으니 너무 심심해서 텔레비전을 보며 뒹굴뒹굴하다가 어머니께서 오시는지 나가 보았다.

질문

① **누가** 늦잠을 잤나요?

② 효민이는 집에 혼자 있게 되자 **어떻게** 했나요?

③ 효민이는 혼자 집에 있으니까 **어떤 마음이** 들었나요?

줄거리 일요일 오후에 민성이는 혼자 책을 보면서 집에 있으려니 심심하였다. 그래서 무엇을 할까 생각하다가 거실 벽에 낙서를 하며 놀았다. 어머니께서 오셔서 낙서한 것을 보시고 민성이를 혼내셨다.

질문

① **누가** 혼자 집에 있었나요?

② 민성이는 혼자 놀면서 **어떻게** 했나요?

③ 민성이는 **어떤 마음이** 들어서 벽에다 낙서를 했나요?

바꾸어 쓸 수 있는 표현

재호가 감기에 걸려서 학교에 가지 못하고 혼자 놀고 있었어요. 재호는 혼자 놀다가 심심할 때 어떻게 말할까요?

표현하기

아휴, 심심해.
아휴, 따분해.
뭐하고 놀면 재미있을까?

재경이는 아무도 놀아 주지 않아 멍하니 소파에 엎드려 있어요. 재경이는 아무도 같이 놀아 주지 않아서 심심할 때 어떻게 말할까요?

표현하기

아휴, 심심해.
아휴, 따분해.
뭐하고 놀지?

바꾸어 쓸 수 있는 표현

민호 동생이 혼자 노니까 재미가 없어서 휴지를 찢고 있었어요. 동생은 혼자 놀아서 심심할 때 어떻게 말할까요?

표현하기

아휴, 심심해.
아휴, 지루해.
휴지 찢으면서 노니까 덜 따분해.

진주가 색종이를 오리다가 너무 재미없어서 자기 머리카락을 잘랐어요. 진주는 색종이 자르기가 재미없고 심심할 때 어떻게 말할까요?

표현하기

아휴, 심심해.
아휴, 따분해.
미용사처럼 머리나 잘라야겠어.

1단계 아깝다 소중히 여기는 것을 잃어 섭섭하거나 서운함

줄거리 수혁이가 걸어가면서 아이스크림을 먹다가 땅에 떨어뜨렸다. 수혁이는 아이스크림을 못 먹게 되어 너무 아까웠다.

질문

① 수혁이는 **어디에서** 아이스크림을 먹고 있었나요?

② 수혁이 아이스크림이 **어떻게** 됐나요?

③ 수혁이는 **왜** 아이스크림이 아까웠나요?

줄거리 동생이 소풍을 간다고 해서 어머니께서 동생에게 미진이의 모자를 주셨다. 미진이는 동생에게 모자를 주기가 아까워서 다시 뺏었다.

질문

① **누가** 동생한테 미진이 모자를 줬나요?

② 엄마는 동생한테 **왜** 모자를 줬나요?

③ 미진이는 자기 모자를 주기 아까워서 **어떻게** 했나요?

줄거리 지혜가 풍선을 샀는데 들고 가다가 날카로운 벽 모서리에 걸려 터져 버렸다. 지혜는 풍선이 너무 아까워서 풍선 줄을 잡고 한참 서 있었다.

질문

① 지혜는 **무엇을** 샀나요?

② 지혜 풍선이 **어디에** 걸려 터졌나요?

③ 지혜는 풍선이 너무 아까워서 **어떻게** 했나요?

줄거리 철규가 받아쓰기 시험을 쳤는데 딱 한 개를 틀려서 100점을 못 받았다. 그래서 철규는 너무 아깝다는 생각이 들었다.

질문

① **누가** 받아쓰기 시험을 쳤나요?

② 철규는 **몇 개를** 틀렸나요?

③ 철규는 받아쓰기 시험을 쳤는데 **왜** 아까웠나요?

줄거리 수영이가 좋아하는 인형을 안고 있었는데 동생이 달라고 떼를 썼다. 수영이는 주기 싫어서 안 주려고 당기다가 인형의 팔이 떨어졌다. 수영이는 망가진 인형이 너무 아까워서 계속 손에 들고 있었다.

질문

① **누가** 수영이 인형을 달라고 떼를 썼나요?

② 동생한테 인형을 주기 싫어서 잡아당기다가 인형이 **어떻게** 됐나요?

③ 수영이는 망가진 인형을 보면서 **어떤 마음이** 들었나요?

줄거리 다현이네 집에서 키우는 개가 새끼를 낳았다. 세 마리를 낳았는데 새끼가 자라자 다현이의 어머니께서는 다 키울 수 없다면서 이모네 한 마리, 삼촌네 한 마리, 앞 집에 한 마리씩 줘 버렸다. 다현이는 강아지들을 남에게 주는 게 너무 아까워서 눈물이 났다.

질문

① **누가** 새끼를 낳았나요?

② 다현이 엄마는 **왜** 강아지를 나눠 줬나요?

③ 다현이는 엄마가 강아지를 모두 나눠 줘서 **어떤 마음이** 들었나요?

바꾸어 쓸 수 있는 표현

수혁이가 아이스크림을 먹다가 길에 떨어뜨려 못 먹게 됐어요. 수혁이는 아이스크림을 못 먹게 되어 아까울 때 어떻게 말할까요?

표현하기

아휴, 속상해.
아휴, 아까워.
아휴, 조심할 걸.

동생이 소풍을 간다고 해서 엄마가 미진이 모자를 동생한테 줬어요. 미진이는 동생한테 모자를 빌려 주기 아까울 때 어떻게 말할까요?

표현하기

내가 아끼는 모자야.
너한테 빌려 주기 싫어.
엄마는 왜 마음대로 빌려 줘요?

바꾸어 쓸 수 있는 표현

지혜가 새로 산 풍선을 들고 가다가 벽 모서리에 걸려 터져 버렸어요. 지혜는 터져 버린 풍선이 아까울 때 어떻게 말할까요?

표현하기

아휴, 아까워.
아휴, 속상해.
새로 산 풍선인데 어떡해.

철규가 받아쓰기 시험을 쳤는데 딱 한 개를 틀려서 100점을 못 받았어요. 철규는 100점을 못 받아서 아까울 때 어떻게 말할까요?

표현하기

휴, 속상해.
다음 번에는 꼭 100점 받아야지.
하나만 더 맞혔으면 100점인데, 아까워.

1단계

아름답다

보이는 대상이나 음향, 목소리 따위가 균형과 조화를 이루어 눈과 귀에 즐거움과 만족을 줄 만하거나, 하는 일이나 마음씨 따위가 훌륭함

줄거리 봄이 되자 태경이네 집 정원에 많은 꽃들이 피었다. 여러 식물들 중에서 화려하게 핀 장미꽃이 가장 아름다웠다.

질문

① 태경이네 집 정원에는 **무엇이** 피었나요?

② **언제** 장미꽃이 피었나요?

③ 장미꽃은 **왜** 아름다웠나요?

줄거리 지난주 토요일에 상일이는 친구들과 공연장에 가서 발레 공연을 보았다. 상일이는 발레리나의 동작 하나하나가 우아한 학처럼 아름다워 보였다.

질문

① 상일이는 발레 공연을 보러 **어디에** 갔나요?

② 상일이는 **언제** 발레 공연을 봤나요?

③ 상일이는 발레 공연이 **왜** 아름다웠나요?

1단계

줄거리 지현이는 가족과 앞산에 놀러 갔는데 봄이라 꽃들이 활짝 피어 있었다. 꽃들 주위에 많은 나비들이 날아 다녔는데 색깔이 화려해서 무척 아름다웠다.

질문

① 지현이는 가족하고 **어디에** 놀러 갔나요?

② 꽃들 주위에는 **무엇이** 있었나요?

③ 지현이는 **왜** 나비가 아름다웠나요?

줄거리 윤미의 이모는 한국에서 유명한 탤런트인데 아주 인기가 많다. 늘 운동도 열심히 하고 봉사활동도 열심히 해서 몸과 마음이 모두 아름답다.

질문

① 윤미 이모의 직업은 **무엇인가요**?

② 윤미 이모는 **어디에서** 유명한 탤런트인가요?

③ 윤미 이모는 **왜** 아름다운가요?

줄거리 어제 미영이네 가족은 벚꽃을 보러 진해에 다녀왔다. 대구에서 출발하여 진해까지 자동차를 타고 갔다. 진해에 도착하자 거리 곳곳에 벚꽃이 활짝 피어 있었는데 매우 아름다웠다.

질문

① 미영이는 벚꽃을 보러 **어디에** 갔나요?

② 미영이는 진해에 **왜** 갔나요?

③ 미영이는 활짝 핀 벚꽃을 보고 **어떤 마음이** 들었나요?

줄거리 경민이는 오랜만에 친구들을 만났다. 친구들과 좋아하는 연예인 이야기를 하다가 자신들이 가지고 있는 연예인 사진을 꺼내 놓았다. 여자 연예인의 사진들이었는데 아름다운 연예인의 얼굴에 반해 모두들 입을 쩍 벌리고 바라보았다.

질문

① **누가** 친구들을 만났나요?

② 친구들하고 경민이는 **무엇을** 가지고 있었나요?

③ 친구들하고 경민이는 연예인 사진을 보고 **어떤 마음이** 들었나요?

3단계

바꾸어 쓸 수 있는 표현

태경이네 집 정원에 많은 꽃들이 피었어요. 그중에서 화려하게 핀 장미꽃이 아름다워 보일 때 태경이는 어떻게 말할까요?

표현하기

우와, 아름답다.
색깔이 참 곱다.
우와, 정말 예쁘다.

상일이는 친구들하고 발레 공연을 봤어요. 상일이는 발레리나의 춤추는 모습이 아름다워 보일 때 어떻게 말할까요?

표현하기

우와, 멋지다.
우와, 아름답다.
춤 동작이 참 환상적이다.

3단계

바꾸어 쓸 수 있는 표현

지현이는 앞산에 놀러 갔는데 봄이라서 꽃들 주위에 각양각색의 나비들이 날아다녔어요. 지현이는 나비가 아름다워 보일 때 어떻게 말할까요?

표현하기

우와, 아름답다.
우와, 나비 색깔 좀 봐.
나비들 색깔 너무 예쁘다.

윤미 이모는 한국에서 유명한 탤런트인데 운동도 열심히 하고 봉사활동도 자주 해서 몸과 마음이 모두 아름다워요. 사람들은 윤미 이모가 아름다워 보일 때 어떻게 말할까요?

표현하기

우와, 아름답다.
대단한 미인이다.
얼굴도 예쁜데 마음씨도 곱다니!

안심하다 모든 걱정을 떨쳐 버리고 마음을 편히 가짐

줄거리 혜연이는 아버지와 스케이트장에 갔는데 스케이트를 잘 타지 못해서 넘어질 것 같았다. 그런데 아버지께서 손을 잡아 주셔서 안심이 되었다.

질문

① 혜연이는 **어디에** 갔나요?

② 혜연이는 **무엇을** 못 탔나요?

③ 혜연이는 **왜** 안심이 됐나요?

줄거리 시냇물을 건너는데 나무로 만든 다리가 부러질 것만 같았다. 그래서 경희는 민균이를 꼭 붙잡고 건넜는데 다 건너고 나서야 안심이 되었다.

질문

① 경희는 **무엇이** 부러질 것 같았나요?

② 경희는 **어떻게** 다리를 건넜나요?

③ 경희는 **언제** 안심이 됐나요?

줄거리 선경이는 강아지 한 마리가 차도에 뛰어드는 것을 보고 자동차에 치일까 봐 조마조마하였다. 선경이는 강아지가 무사히 도로를 건너는 것을 보고 나서야 안심이 되었다.

질문

① 누가 강아지를 봤나요?

② 강아지가 어디로 뛰어들었나요?

③ 선경이는 언제 안심이 됐나요?

줄거리 미현이가 열이 나고 아프자 어머니께서는 미현이를 침대에 눕혔다. 다행히 약을 먹고 쉬니까 괜찮아져서 어머니께서는 안심을 하셨다.

질문

① 누가 아팠나요?

② 미현이는 아파서 어떻게 했나요?

③ 엄마는 언제 안심이 됐나요?

줄거리 민정이는 어머니와 집에서 쿠키를 만들어 보았다. 민정이는 처음이라 잘 만들 수 없을 것 같았다. 다 완성하고 나서 아버지와 함께 먹어 보았는데 다행히 아버지께서 맛있다고 하셔서 안심이 되었다.

질문

① 민정이는 **무엇을** 만들었나요?

② 민정이는 **왜** 쿠키를 잘 만들 수 없을 것 같았나요?

③ 민정이는 아빠가 쿠키를 먹고 맛있다고 하니까 **어떤 마음이** 들었나요?

줄거리 농부 아저씨가 사과나무를 심었다. 사과나무가 무럭무럭 자라 열매가 열리기 시작했는데 그만 가뭄이 계속되었다. 농부 아저씨는 사과가 잘 자라지 못할 거라 생각했는데 다행히 비가 와서 안심이 되었다.

질문

① 농부 아저씨는 **무엇을** 심었나요?

② 사과나무에 열매가 열리기 시작했을 때 날씨가 **어땠나요**?

③ 농부 아저씨는 비가 오는 걸 보고 **어떤 마음이** 들었나요?

3단계

바꾸어 쓸 수 있는 표현

혜연이는 스케이트를 잘 못타서 넘어질 것 같았어요. 그런데 아빠가 잡아 줘서 안심이 될 때 혜연이는 어떻게 말할까요?

표현하기

아휴, 안심이다.
아빠가 잡아 줘서 다행이다.
아빠 손 잡고 타니까 마음이 놓이네.

경희가 시냇물을 건너는데 나무로 만든 다리가 부러질 것 같았어요. 경희는 다리를 무사히 건너고 나서 안심이 될 때 어떻게 말할까요?

표현하기

아휴, 살았다.
아휴, 이제 안심이다.
아휴, 이제 마음이 놓이네.

바꾸어 쓸 수 있는 표현

선경이는 길을 건너는 강아지가 자동차에 치일까 봐 걱정됐어요. 강아지가 무사히 길을 건너 안심이 될 때 선경이는 어떻게 말할까요?

표현하기

아휴, 안심이다.
아휴, 천만다행이다.
무사한 걸 보니 마음이 놓인다.

미현이는 열이 많이 나고 아팠어요. 다행히 약을 먹고 괜찮아져서 안심될 때 엄마는 어떻게 말할까요?

표현하기

열이 내려서 안심이다.
어휴, 이제 마음이 좀 놓이네.
다 나았으니 다행이다.

1단계

약 오르다 비위가 상하여 언짢거나 은근히 화가 남

줄거리 수재가 경호를 바보라고 놀리고 도망을 갔다. 경호는 약이 올라 큰 소리로 수재를 부르며 쫓아갔다.

질문

① 수재는 **누구를** 놀렸나요?

② 경호는 수재가 놀리고 도망가자 **어떻게** 했나요?

③ 경호는 **왜** 약이 올랐나요?

줄거리 연재가 동생의 장난감을 뺏어 도망가면서 잡아 보라며 약 올렸다. 동생은 장난감도 뺏기고 쫓아가지도 못해 울어 버렸다.

질문

① 연재는 **누구의** 장난감을 뺏어 갔나요?

② 동생은 연재가 장난감을 뺏어 도망가자 **어떻게** 했나요?

③ 동생은 **왜** 약이 올랐나요?

줄거리 희선이가 민경이의 사탕을 뺏어 높이 들고 "잡아 봐라" 하면서 놀렸다. 민경이는 희선이보다 키가 작아 사탕을 잡지 못해 약이 올랐다.

질문

① **누가** 민경이 사탕을 뺏었나요?

② 희선이는 민경이 사탕을 뺏어 **어떻게** 했나요?

③ 민경이는 **왜** 약이 올랐나요?

줄거리 건모가 새 자전거를 샀다고 자랑하였다. 병준이는 새 자전거를 타고 뽐내는 건모를 보니 약이 올랐다.

질문

① 건모는 **무엇을** 샀나요?

② 건모는 **누구한테** 자전거를 자랑했나요?

③ 병준이는 **왜** 약이 올랐나요?

줄거리 진아는 지난 주말에 부모님께 생일 선물로 게임기를 받고서 짝 중현이에게 자랑하였다. 중현이가 한 번 해 보자며 만지려고 하자 진아는 못 만지게 하였다. 중현이는 자랑만 하는 진아에게 약이 올랐다.

질문

① 진아는 생일 선물로 **무엇을** 받았나요?

② 중현이는 진아의 게임기를 보자 **어떻게** 했나요?

③ 중현이는 자랑만 하는 진아한테 **어떤 마음이** 들었나요?

줄거리 준희는 인라인스케이트를 잘 타지만 기민이는 인라인스케이트가 없어서 타 본 적이 없었다. 그래서 기민이가 준희에게 한 번 타게 해 달라고 부탁하였다. 그런데 준희가 타게 해 주지도 않으면서 뽐내기만 해서 기민이는 약이 올랐다.

질문

① 준희는 **무엇을** 잘 타나요?

② 기민이는 준희한테 **어떤** 부탁을 했나요?

③ 기민이는 인라인스케이트를 타게 해 주지도 않으면서 놀리기만 하는 준희한테 **어떤 마음이** 들었나요?

바꾸어 쓸 수 있는 표현

수재가 경호를 보고 바보라고 놀렸어요. 경호는 수재가 바보라고 놀려서 약 오를 때 어떻게 말할까요?

표현하기

약 올리지 마.
수재 너 혼날래?
아이, 화나.

연재가 동생 장난감을 뺏어 도망가면서 놀려요. 동생은 연재 때문에 약 오를 때 어떻게 말할까요?

표현하기

뺏지 마.
아휴, 약 올라.
내 거야, 이리 내.

바꾸어 쓸 수 있는 표현

희선이가 민경이 사탕을 뺏으며 놀려요. 민경이는 희선이가 사탕을 뺏어서 약 오를 때 어떻게 말할까요?

표현하기

돌려 줘.
왜 남의 걸 뺏어?
약 올리지 마.

건모가 새 자전거를 샀다고 병준이한테 자랑해요. 병준이는 건모가 새 자전거를 뽐내서 약 오를 때 어떻게 말할까요?

표현하기

아휴, 약 올라.
별로 좋지 않아 보이네.
아이, 별 것도 아닌 걸 자랑하고 있어.

얄밉다 말이나 행동이 약빠르고 미움

줄거리 정철이의 누나는 둘이 있을 때 항상 간식을 정철이보다 더 많이 먹었다. 정철이는 그런 누나가 너무 얄미웠다.

질문

① **누가** 간식을 더 많이 먹었나요?

② 누나는 **언제** 간식을 더 많이 먹었나요?

③ 정철이는 **왜** 누나가 얄미웠나요?

줄거리 진규가 블록으로 멋진 성을 힘들게 만들었는데 민서가 지나가면서 일부러 성을 망가뜨렸다. 진규는 그런 민서가 너무 얄미웠다.

질문

① **누가** 성을 만들었나요?

② 민서는 진규가 만든 성을 **어떻게** 했나요?

③ 진규는 민서가 **왜** 얄미웠나요?

1 단계

줄거리 다정이네 거실에 소파가 하나 있었는데 늘 다정이가 혼자 독차지해서 오빠들은 앉아 볼 수도 없었다. 오빠들은 그런 다정이가 너무 얄미웠다.

질문

① 다정이네 거실에는 **무엇이** 있나요?

② **누가** 푹신한 소파를 독차지했나요?

③ 오빠들은 다정이가 **왜** 얄미웠나요?

줄거리 매일 새벽마다 새가 울어서 연수 아버지께서는 잠을 잘 수가 없었다. 연수 아버지께서는 그런 새가 얄미워서 나무를 베어 버렸다.

질문

① **무엇이** 새벽마다 울었나요?

② 연수 아빠는 나무를 **어떻게** 했나요?

③ 연수 아빠는 새가 **왜** 얄미웠나요?

줄거리 부모님께서 예식장에 가고 안 계셔서 욱진이와 지현이는 소꿉놀이를 하였다. 욱진이는 아빠의 옷을 꺼내 입고 지현이는 엄마의 옷을 꺼내 입었다. 그런데 욱진이가 엄마의 옷을 밟아서 옷이 찢어졌다. 어머니께서 오시자 욱진이는 자기의 잘못이 아니라며 발뺌을 해서 지현이는 욱진이가 얄미웠다.

질문

① 욱진이하고 지현이는 **무엇을** 했나요?

② 욱진이는 엄마 옷을 찢어 놓고 **어떻게** 했나요?

③ 엄마 옷을 찢어 놓고 모르는 척하는 욱진이한테 지현이는 **어떤 마음이** 들었나요?

줄거리 성훈이의 친구 유수는 자기 숙제는 보여 주지도 않으면서 성훈이의 학용품을 마음대로 사용하였다. 그러고는 성훈이가 학용품을 빌려 달라고 하면 못 들은 척하며 빌려 주지 않았다. 성훈이는 그런 유수가 너무 얄미웠다.

질문

① 성훈이 친구는 **누구**인가요?

② 친구 유수는 성훈이 물건을 **어떻게** 썼나요?

③ 유수가 성훈이 물건을 함부로 쓰고 자기 물건은 안 빌려 줄 때 성훈이는 **어떤 마음이** 들었나요?

3단계

바꾸어 쓸 수 있는 표현

정철이 누나는 둘이 있을 때 항상 간식은 정철이보다 많이 먹었어요. 정철이는 그런 누나가 얄미울 때 어떻게 말할까요?

표현하기

아휴, 얄미워.
아휴, 너무 미워.
누나는 욕심쟁이야.

진규가 블록으로 멋진 성을 힘들게 만들었는데 민서가 지나가면서 일부러 망가뜨렸어요. 진규는 그런 민서가 얄미울 때 어떻게 말할까요?

표현하기

아휴, 얄미워.
아휴, 너무 미워.
야, 이 심술쟁이야.

바꾸어 쓸 수 있는 표현

다정이네 집 거실에는 소파가 하나 있었는데 항상 다정이가 떼를 쓰며 혼자서만 독차지 했어요. 오빠들은 그런 다정이가 얄미울 때 어떻게 말할까요?

표현하기

아휴, 얄미워.
아휴, 정말 미워.
아휴, 욕심쟁이 같으니라고.

연수네 집 창가에 매일 새벽마다 새가 날아와 울어서 연수 아버지는 잠을 잘 수가 없었어요. 연수 아버지는 그런 새가 얄미울 때 어떻게 말할까요?

표현하기

아휴, 얄미워.
아휴, 잠 잘 수가 없잖아.
아휴, 다시는 못 오게 해야겠다.

1 단계

억울하다

아무 잘못 없이 꾸중을 듣거나 벌을 받거나 하여 분하고 답답함

줄거리 쉬는 시간에 민철이가 장난을 치다가 교탁에 있던 화분을 깨뜨렸다. 그런데 선생님께서는 칠판을 지우던 진욱이가 화분을 깬 줄 알고 야단을 치셔서 진욱이는 너무 억울하였다.

질문

① **누가** 교탁에 있는 화분을 깨뜨렸나요?

② 선생님은 진욱이한테 **어떻게** 했나요?

③ 진욱이는 **왜** 억울했나요?

줄거리 성민이는 밖에서 놀다 들어왔는데 어머니께서 방을 어질러 놓았다고 다짜고짜 야단을 치셨다. 성민이는 어머니께서 동생의 거짓말만 듣고 혼내셔서 너무 억울하였다.

질문

① **누가** 밖에서 놀다 왔나요?

② 성민이가 집에 돌아왔을 때 방이 **어땠나요**?

③ 성민이는 **왜** 억울했나요?

줄거리 친구들이 재욱이가 창규를 괴롭혔다며 함께 놀아 주지 않았다. 사실은 창규가 먼저 재욱이를 괴롭혀서 그랬는데 친구들이 놀아 주지 않아서 재욱이는 억울하였다.

질문

① 친구들은 **누구하고** 놀지 않았나요?

② 창규는 재욱이한테 **어떻게** 했나요?

③ 재욱이는 **왜** 억울했나요?

줄거리 건너편에서 오던 차가 신호를 지키지 않아 현석이 아버지의 차를 들이받았다. 그런데 경찰이 와서 두 사람 모두 똑같이 잘못하였다고 해서 현석이 아버지께서는 억울하였다.

질문

① **누구** 차를 들이받았나요?

② 건너편에서 오던 차는 **어떻게** 했나요?

③ 현석이 아빠는 **왜** 억울했나요?

줄거리 명수는 동생이 울어서 장난감을 주면서 달랬다. 그런데 어머니께서 들어오시더니 동생의 장난감을 뺏지 말라고 명수를 야단치시고 벌을 세우셨다. 명수는 억울하다고 말했지만 어머니께서는 명수의 말을 들은 척도 하지 않으셨다.

질문

① **누가** 울었나요?

② 명수 엄마는 명수한테 **어떻게** 했나요?

③ 명수는 동생을 울리지 않았는데 엄마가 야단치고 벌을 세워서 **어떤 마음이** 들었나요?

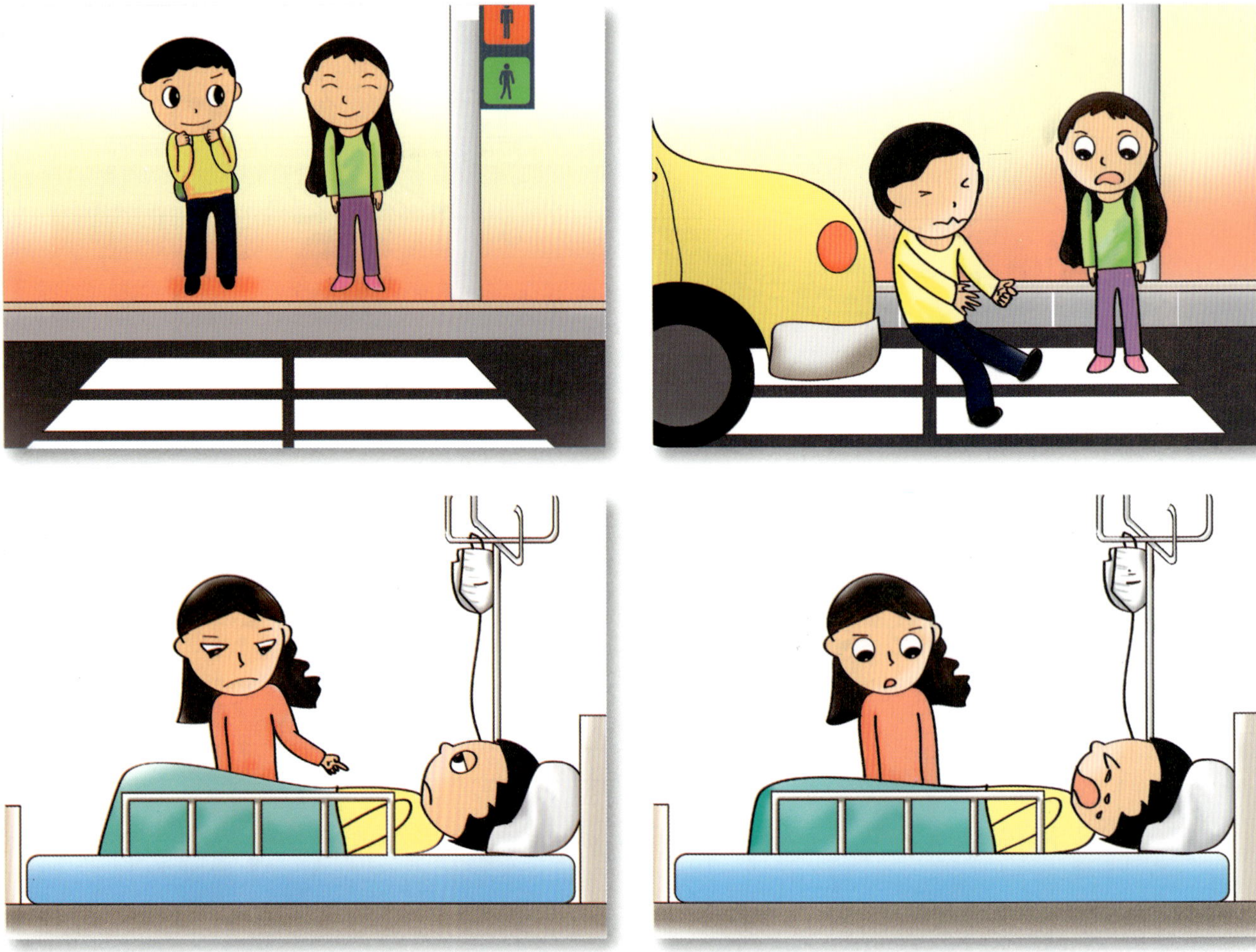

줄거리 방과 후에 성현이는 윤지와 횡단보도를 건너다가 차에 부딪혔다. 차가 신호를 지키지 않아서 사고를 낸 것이었다. 그런데 병원에 누워 있는 성현이에게 어머니께서는 빨간불에 건너다가 사고가 난 것이 아니냐며 야단을 치셨다. 성현이는 너무 억울해서 눈물이 났다.

질문

① **언제** 사고가 났나요?

② 성현이는 **어떻게** 사고를 당했나요?

③ 성현이는 엄마가 혼내자 **어떤 마음이** 들어서 눈물이 났나요?

3단계

바꾸어 쓸 수 있는 표현

민철이가 장난을 치다가 교탁 위에 있던 화분을 깨뜨렸는데 선생님은 칠판을 닦던 진욱이를 야단쳤어요. 진욱이는 선생님한테 오해를 받아 억울할 때 어떻게 말할까요?

표현하기

아이, 억울해요.
민철이가 깨뜨렸어요. 오해예요.
제가 화분을 깬 게 아니에요.

동생이 방을 어질렀는데 엄마는 동생 말만 듣고 성민이가 그랬다며 야단쳤어요. 성민이는 엄마한테 오해를 받아 억울할 때 어떻게 말할까요?

표현하기

아이, 억울해요.
내가 어지른 게 아니에요.
왜 내 말을 안 믿는 거예요?

바꾸어 쓸 수 있는 표현

친구들은 재욱이가 창규를 괴롭혔다며 같이 놀아 주지 않았어요. 사실은 창규가 먼저 놀렸는데 그런 오해를 받아 재욱이가 억울할 때 어떻게 말할까요?

표현하기

아이, 억울해.
얘들아, 오해야.
창규가 먼저 나를 놀렸단 말이야.

건너편에서 오던 차가 신호를 지키지 않아 현석이 아빠 차를 들이받았어요. 그런데 경찰이 와서 두 사람 모두 잘못했다고 해서 억울할 때 현석이 아빠는 어떻게 말할까요?

표현하기

아이, 억울해요.
저는 잘못한 게 없어요.
저 차가 신호를 지키지 않고 와서 제 차를 받았어요.

외롭다

홀로 되거나 의지할 곳이 없어 쓸쓸함

줄거리 가은이 할머니께서는 할아버지께서 일찍 돌아가셔서 외롭게 혼자 사신다. 그래서 공원을 산책할 때도 밥을 먹을 때도 항상 혼자이시다.

질문

① **누가** 혼자 사나요?

② 할머니는 **어떻게** 지내나요?

③ 할머니는 **왜** 외롭나요?

줄거리 준용이는 학교 숙제를 안 해서 벌로 청소를 하였다. 준용이는 모두가 집에 간 후 혼자 텅 빈 교실에 남아 청소를 하려니 외롭다는 생각이 들었다.

질문

① 준용이는 **무엇을** 안 했나요?

② 준용이는 혼자 교실에 남아 **어떻게** 했나요?

③ 준용이는 **왜** 외롭다는 생각이 들었나요?

줄거리 동혁이는 새 학교로 전학을 와서 친구가 없었다. 그런데 새 학교 아이들이 동혁이와 함께 놀려고 하지 않아서 너무 외로웠다.

질문

① **누가** 새 학교로 전학을 왔나요?

② 동혁이는 **누구랑** 놀고 싶었나요?

③ 동혁이는 **왜** 외로웠나요?

줄거리 민구네 부모님께서는 맞벌이를 하셨다. 그래서 민구는 부모님께서 돌아오시는 저녁 때까지 혼자 집에 있는 것이 늘 외로웠다.

질문

① **누가** 맞벌이를 했나요?

② 민구네 부모님은 **언제** 집에 왔나요?

③ 민구는 **왜** 외로웠나요?

줄거리 석진이는 친구가 별로 없어서 짝 윤주가 유일한 단짝 친구였다. 그래서 항상 밥도 같이 먹고 둘이서만 놀았는데 윤주가 지난주에 이사를 가 버렸다. 석진이는 윤주가 없어서 외롭다는 생각이 들었다.

질문

① 석진이의 단짝 친구는 **누구**인가요?

② 석진이는 윤주하고 **어떻게** 지냈나요?

③ 석진이는 단짝 친구인 윤주가 이사를 가 버려서 **어떤 마음이** 들었나요?

줄거리 정환이는 학교가 멀어서 어머니의 차로 등하교를 하였다. 그런데 학교 가까이에 사는 다른 친구들은 여러 명이 함께 모여 집으로 갔다. 정환이는 그런 친구들의 모습을 바라보며 자신이 너무 외롭다는 생각이 들었다.

질문

① 정환이는 **무엇을** 타고 학교에 가나요?

② 정환이는 **왜** 엄마 차를 타고 학교에 가나요?

③ 정환이는 친구들이랑 집에 함께 못 가니까 **어떤 마음이** 들었나요?

3단계 바꾸어 쓸 수 있는 표현

가은이 할머니는 할아버지가 일찍 돌아가셔서 혼자 살아요. 가은이 할머니는 혼자라서 외롭다는 마음이 들 때 어떻게 말할까요?

표현하기

아휴, 외로워.
아휴, 쓸쓸해.
아휴, 혼자 사는 거 정말 싫어.

준용이가 학교 숙제를 안 해서 혼자 텅 빈 교실에 남아 청소를 했어요. 준용이는 혼자 남아서 외롭다는 마음이 들 때 어떻게 말할까요?

표현하기

아휴, 외로워.
아휴, 쓸쓸해.
다음부터 숙제 해 와야겠다.

3단계 바꾸어 쓸 수 있는 표현

동혁이가 새 학교로 전학을 와서 친구가 없었는데 아이들은 동혁이랑 놀아 주지 않았어요. 동혁이는 친구가 없어서 외로울 때 어떻게 말할까요?

표현하기

아휴, 외로워.
어휴, 쓸쓸해.
아! 다시 옛날 학교로 가고 싶다.

민구는 부모님이 맞벌이를 하셔서 저녁때까지 늘 혼자 집에 있었어요. 민구는 집에 혼자 있어서 외로울 때 어떻게 말할까요?

표현하기

아휴, 외로워.
아휴, 쓸쓸해.
우리 엄마도 집에 있으면 좋겠어.

1단계 욕심내다(부리다) 분수에 넘치게 무엇을 탐하거나 누리고자 함

줄거리 희애 아버지가 저녁에 과자를 사 오셨다. 그런데 희애는 과자를 동생에게는 하나도 주지 않고 혼자 다 먹겠다고 욕심부렸다.

질문

① **누가** 과자를 사 왔나요?

② 희애는 **무엇을** 혼자 먹겠다고 했나요?

③ 희애는 **어떻게** 욕심을 부렸나요?

줄거리 유빈이는 인형을 모두 다 갖고 싶어서 동생에게 하나도 주지 않았다. 유빈이가 욕심부리며 인형을 주지 않자 동생이 울었다.

질문

① **누가** 인형을 다 가지겠다고 했나요?

② 유빈이가 인형을 **누구한테** 주지 않았나요?

③ 유빈이는 **어떻게** 욕심을 부렸나요?

줄거리 진성이가 혼자서 블록을 다 갖겠다고 욕심부리면서 주호에게 하나도 만지지 못하게 하였다. 그래서 주호는 진성이와 놀지 않고 집에 가 버렸다.

질문

① 누가 블록을 다 가지겠다고 했나요?

② 진성이는 무엇을 만지지 못하게 했나요?

③ 진성이가 어떻게 욕심을 부렸나요?

줄거리 세희는 어제 풍선을 하나 샀는데 오늘 또 어머니께 풍선을 세 개나 사 달라고 욕심부리면서 떼를 썼다. 어머니께서는 어제 샀으니 안 된다고 하셨다.

질문

① 누가 풍선을 사 달라고 했나요?

② 세희는 언제 풍선을 샀나요?

③ 세희는 어떻게 욕심을 부렸나요?

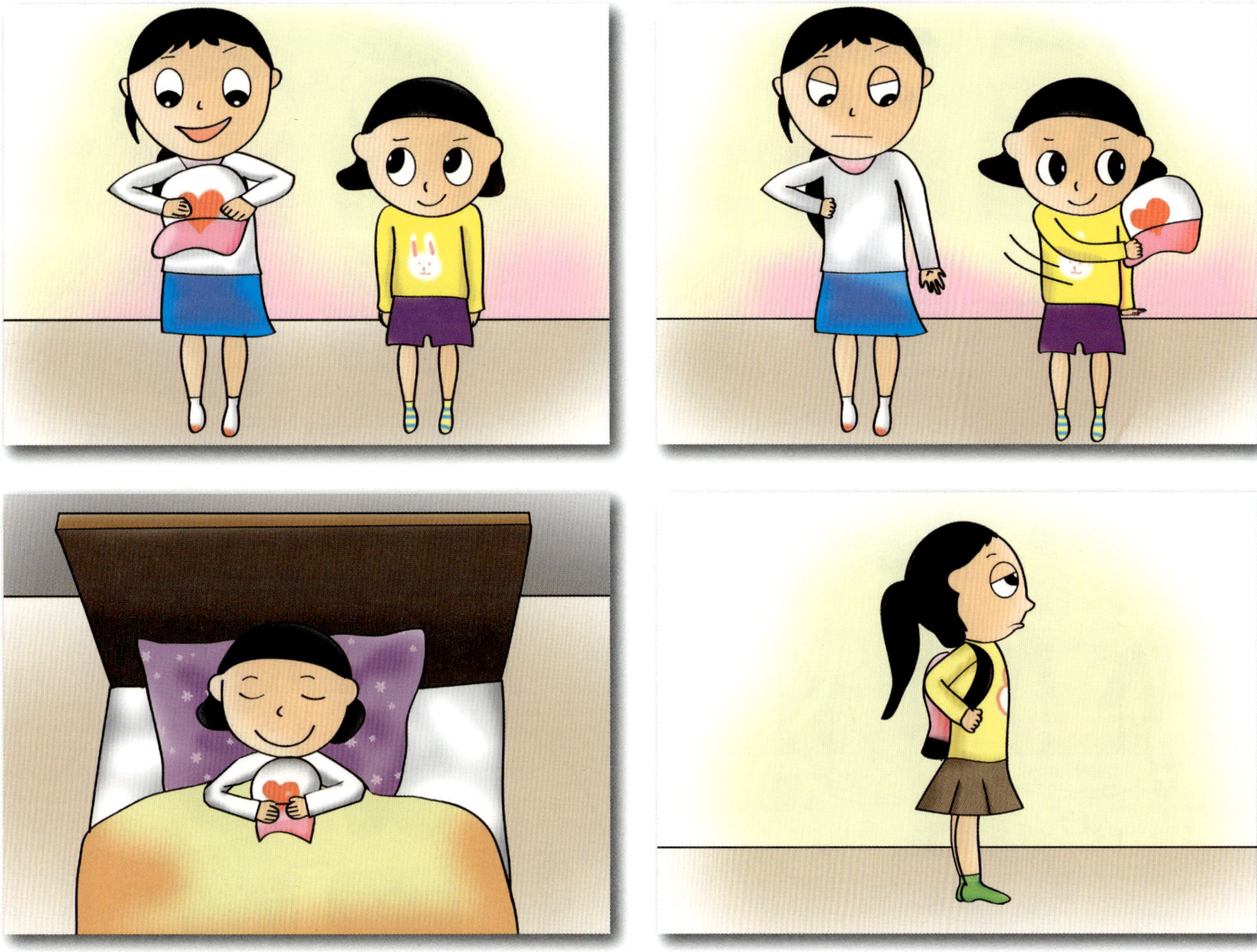

줄거리 아람이는 체험 학습을 갈 때 쓰려고 새 모자를 샀다. 어머니께서 동생에게도 새 모자를 같이 사 주셨는데 동생은 아람이의 모자까지 욕심부리며 가져갔다. 결국 아람이는 새 모자를 쓰지 못하고 체험 학습을 갔다.

질문

① **누가** 새 모자를 샀나요?

② 동생이 새 모자를 가져가 버려서 아람이는 **어떻게** 했나요?

③ 아람이 동생은 **어떤 마음이** 들어서 아람이 새 모자를 가져갔나요?

줄거리 상민이네 가족은 누나, 상민이, 어머니, 아버지 네 명이다. 주말에 피자를 시켰는데 피자 여섯 조각 중에 상민이가 네 조각이나 먹겠다고 욕심부리며 떼를 썼다. 결국 상민이의 부모님과 누나는 피자 두 조각을 나누어 먹었다.

질문

① 상민이네 가족은 **몇 명**인가요?

② 상민이는 피자를 **얼마만큼** 먹겠다고 했나요?

③ 상민이는 **어떤 마음이** 들어 혼자서 네 조각이나 먹겠다고 했나요?

바꾸어 쓸 수 있는 표현

희애는 과자가 많은데 동생한테 하나도 주지 않고 혼자 먹겠다고 해요. 희애가 과자를 혼자 먹겠다며 욕심을 부릴 때 어떻게 말할까요?

표현하기

안 줘. 내가 다 먹을 거야.
나 혼자 다 먹을 거야.
저리 가. 너한테 과자 안 줄 거야.

유빈이가 인형을 두 개나 들고는 동생한테 하나도 주지 않고 자기가 다 갖겠다고 해요. 유빈이는 인형을 다 가지겠다고 욕심 부릴 때 어떻게 말할까요?

표현하기

안 줘. 내 거야.
싫어. 이 인형 너랑 안 나눌 거야.
저리 가. 나 혼자 인형 다 가질 거야.

3단계

바꾸어 쓸 수 있는 표현

진성이가 혼자서 블록을 다 갖겠다며 주호한테는 만지지 못하게 했어요. 진성이가 블록을 다 가지겠다며 욕심부릴 때 어떻게 말할까요?

표현하기

안 줘. 내가 다 할 거야.
블록 만지지 마. 다 내 거야.
저리 가. 나 혼자 다 갖고 놀 거야.

세희가 엄마한테 풍선을 세 개나 사 달라고 엄마에게 떼를 쓰고 있었어요. 세희는 풍선을 더 사 달라고 욕심을 부릴 때 어떻게 말할까요?

표현하기

엄마, 풍선 세 개 사 줘.
세 개 안 사주면 안 갈 거야.
저기 있는 풍선 다 갖고 싶어.

1 단계

자랑하다

자기 자신 또는 자기와 관계있는 사람이나 물건, 일 따위가 썩 훌륭하거나 남에게 칭찬을 받을 만한 것임을 드러내어 말함

줄거리 호선이는 자기가 스케이트를 잘 탄다는 것을 자랑하고 싶었다. 그래서 스케이트장 한가운데에서 스케이트를 탔다.

질문

① **누가** 스케이트를 잘 타나요?

② 호선이는 **어디에서** 스케이트를 탔나요?

③ 호선이는 **무엇을** 자랑하고 싶었나요?

줄거리 현수는 자기 반에서 가장 힘이 세었다. 그래서 친구들에게 자랑하려고 커다란 상자를 한 손으로 번쩍 들어올렸다.

질문

① **누가** 힘이 센가요?

② 현수는 **누구한테** 힘 자랑을 했나요?

③ 현수는 힘이 세다는 걸 자랑하려고 **어떻게** 했나요?

줄거리 영우가 작은어머니께 새 옷을 선물 받았다. 영우는 얼른 새 옷으로 갈아입고 나가서 친구들에게 자랑하였다.

질문

① 영우는 **누구한테** 선물을 받았나요?

② 영우는 **무슨** 선물을 받았나요?

③ 영우는 친구들한테 **무엇을** 자랑했나요?

줄거리 아이들이 미술 시간에 그림을 그려 모두 벽에 붙였다. 그러고는 서로 자기가 그림을 잘 그렸다고 자랑하였다.

질문

① 아이들 그림을 **어디에** 붙였나요?

② 아이들은 **언제** 그림을 그렸나요?

③ 아이들은 **무엇을** 자랑했나요?

줄거리 선미가 발레 경연 대회에서 우승을 차지하였다. 선미는 응원하러 온 친구들에게 트로피를 자랑하고 싶어서 번쩍 들어올렸다. 친구들은 그것을 보고 박수를 치며 축하해 주었다.

질문

① **누가** 발레 경연 대회에서 우승을 했나요?

② 친구들은 **왜** 발레 경연 대회에 왔나요?

③ 선미는 **어떤 마음이** 들어서 트로피를 번쩍 들어 올렸나요?

줄거리 신우는 평소에 달리기를 잘한다고 자랑하며 다녔다. 그래서 운동회 때 달리기 시합에 우리 반 대표로 출전하였다. 역시나 신우가 1등으로 결승선을 통과하였다.

질문

① 운동회 때 **누가** 달리기 대표로 나갔나요?

② 신우는 달리기 시합에서 **몇 등을** 했나요?

③ 신우는 평소에 **무엇을** 자랑했나요?

바꾸어 쓸 수 있는 표현

호선이는 스케이트를 잘 탔어요. 호선이는 스케이트 잘 탄다고 자랑할 때 어떻게 말할까요?

표현하기

나 스케이트 잘 탄다.
나 좀 봐. 나 잘 타지?
너희들, 나처럼 스케이트 잘 탈 수 있니?

현수는 반에서 가장 힘이 세요. 현수는 힘이 센 걸 자랑할 때 어떻게 말할까요?

표현하기

이것 봐. 나 힘 세다.
너희들은 나처럼 이거 들 수 있겠니?
난 이것보다 더 무거운 것도 들 수 있어.

바꾸어 쓸 수 있는 표현

영우는 작은어머니께 새 옷을 선물 받았어요. 영우는 새 옷을 자랑할 때 어떻게 말할까요?

표현하기

이거 새 옷이다.
내 옷 정말 좋지?
이것 좀 봐. 나 선물 받았다.

아이들은 미술 시간에 그린 그림을 모두 벽에 붙였어요. 아이들이 서로 자기 그림을 자랑할 때 어떻게 말할까요?

표현하기

내가 너보다 더 잘 그렸어.
내가 제일 잘 그렸어.
내 그림 좀 봐. 정말 잘 그렸지?

재미있다 아기자기하게 즐겁고 유쾌함

줄거리 치섭이와 친구들은 학교에서 긴 줄을 이용해서 기차놀이를 하였다. 모두들 너무 재미있어서 집에 가기 싫었다.

질문

① 치섭이는 **어디에서** 놀았나요?

② 치섭이하고 친구들은 **무슨** 놀이를 했나요?

③ 치섭이하고 친구들은 **무엇이** 재미있었나요?

줄거리 다연이는 놀이터에서 그네를 탔는데 참 재미있었다. 다른 아이들도 그네를 타려고 줄을 서서 기다렸다.

질문

① 다연이는 **어디에** 갔나요?

② 다연이는 **무엇을** 탔나요?

③ 아이들은 재미있는 그네를 타려고 **어떻게** 했나요?

줄거리 현희가 크리스마스 때 가족과 트리를 만들었는데 별도 달고 종도 달고 산타할아버지도 만들어 달았다. 현희는 트리를 만드는 것이 너무 재미있었다.

질문

① 현희는 트리에 **무엇을** 달았나요?

② 현희는 **언제** 트리를 만들었나요?

③ 현희는 **무엇이** 재미있었나요?

줄거리 지후가 어머니, 동생 그리고 형과 함께 주말에 영화를 보러 갔다. 지후는 영화가 너무 재미있어서 소리 내어 웃으며 보았다.

질문

① **몇 명이서** 영화를 보러 갔나요?

② **언제** 영화를 보러 갔나요?

③ 지후는 영화가 정말 재미있어서 **어떻게** 했나요?

줄거리 형진이는 지난주 화요일에 운동장에서 친구들과 꼬리잡기를 하였다. '하나 빼기 가위, 바위, 보'를 해서 편을 갈랐다. 두 편은 서로 꼬리가 잡히지 않으려고 도망 다녔는데 정말 재미있어서 시간 가는 줄 모르고 놀았다.

질문

① 형진이는 **언제** 친구들이랑 꼬리잡기를 했나요?

② 아이들은 **어떻게** 편을 갈랐나요?

③ 아이들은 꼬리잡기를 하면서 **어떤 마음이** 들었나요?

줄거리 근우는 이모와 서점에 갔는데 이모가 만화책을 사주셨다. 근우는 만화책이 재미있어서 길을 가면서도 만화책을 계속 보다가 공사 중인 웅덩이를 보지 못하였다. 그래서 웅덩이에 빠져 다리를 다쳤다.

질문

① 근우는 **누구랑** 서점에 갔나요?

② 근우는 **왜** 다리를 다쳤나요?

③ 근우는 **어떤 마음이** 들어 길을 가면서도 만화책을 봤나요?

바꾸어 쓸 수 있는 표현

치섭이가 친구들하고 학교에서 긴 줄을 이용해서 기차놀이를 했어요. 치섭이는 기차놀이가 재미있을 때 어떻게 말할까요?

표현하기

아이, 좋아.
우와, 신난다.
우와, 재밌다.

다연이는 놀이터에서 그네를 타는 게 재미있었어요. 다연이는 그네 타기가 재미있을 때 어떻게 말할까요?

표현하기

아이, 좋아.
우와, 신난다.
우와, 재밌다.

바꾸어 쓸 수 있는 표현

현희가 크리스마스 때 가족이랑 트리를 만들었는데 별도 달고 종도 달고 산타할아버지도 만들어 달았어요. 현희는 트리 만드는 게 재미있을 때 어떻게 말할까요?

표현하기

또 하고 싶다.
우와, 재밌다.
우와, 트리가 정말 예쁘다.

지후가 가족이랑 영화를 보러 갔는데 정말 재미있어서 시간 가는 줄 모르고 봤어요. 지후는 영화가 재미있을 때 어떻게 말할까요?

표현하기

우와, 재밌다.
우와, 대단한 영화야.
시간 가는 줄 모르고 봤네.

즐겁다 마음에 거슬림이 없이 흐뭇하고 기쁨

줄거리 예진이는 주말에 가족과 놀이공원에 갔다. 예진이는 놀이공원에 있는 놀이기구 중에서 회전목마 타는 게 가장 즐거웠다.

질문

① 예진이는 가족하고 **어디에** 갔나요?

② 예진이는 **언제** 놀이공원에 갔나요?

③ 예진이는 놀이공원에서 **무엇이** 즐거웠나요?

줄거리 상훈이는 금요일에 소풍을 갔다. 친구들과 보물찾기를 했는데 상훈이는 보물을 찾느라고 이리저리 친구들과 쫓아다니니까 즐거웠다.

질문

① **누가** 소풍을 갔나요?

② 소풍을 가서 **무엇을** 했나요?

③ 상훈이는 **왜** 즐거웠나요?

줄거리 진동이는 부산에 있는 사촌형 집에 가서 형과 수영도 하고 모래성도 쌓았다. 진동이는 형과 노는 것이 정말 즐거워서 방학 때 또 와야겠다고 생각하였다.

질문

① 진동이의 사촌형 집은 **어디에** 있나요?

② 진동이는 사촌형 집에 가서 **어떻게** 지냈나요?

③ 진동이는 **왜** 즐거웠나요?

줄거리 운동회 날에 공을 던져 바구니를 터뜨리는 시합을 하였다. 미현이네 팀은 콩주머니를 마구 던졌는데 갑자기 바구니가 터지면서 종이 조각이 흩날리자 매우 즐거웠다.

질문

① **누가** 운동회를 했나요?

② 미현이는 운동회 때 **무슨** 시합을 했나요?

③ 미현이는 **왜** 즐거웠나요?

줄거리 종호는 소풍을 가서 손을 잡고 원을 만들어 돌면서 술래가 말하는 사람 수만큼 짝을 만드는 게임을 하였다. 술래가 된 사람이 노래를 부르다가 숫자 하나를 말하면, 다른 친구들은 그 수만큼 짝을 만들고 못 만든 친구들은 벌칙을 받았다. 종호는 친구들과 게임을 하니까 정말 즐거웠다.

질문

① 종호는 **어디에** 갔나요?

② 종호는 친구들하고 **무슨** 게임을 했나요?

③ 종호는 친구들하고 게임을 해서 **어떤 마음이** 들었나요?

줄거리 설날에 승현이네 가족은 윷놀이를 하였다. 할머니와 승현이가 같은 팀이 되었고 할아버지께서는 동생 민수와 한 팀이 되었는데 승현이네 팀이 이겼다. 승현이는 윷놀이를 하니까 정말 즐거웠다.

질문

① 승현이네 가족은 **무엇을** 했나요?

② 승현이네 가족은 **언제** 윷놀이를 했나요?

③ 승현이는 가족들하고 윷놀이를 해서 **어떤 마음이** 들었나요?

바꾸어 쓸 수 있는 표현

예진이는 놀이공원에 있는 많은 놀이기구 중에서 회전목마 타는 걸 제일 좋아해요. 예진이는 회전목마를 타서 즐거울 때 어떻게 말할까요?

표현하기

우와, 신난다.
아이, 재밌다.
역시 회전목마가 제일 좋아.

상훈이는 소풍을 가서 친구들하고 보물찾기를 했는데 너무 재미있었어요. 상훈이는 소풍을 가서 즐거울 때 어떻게 말할까요?

표현하기

우와, 신난다.
아이, 즐거워라.
아이, 재밌어.

3단계

바꾸어 쓸 수 있는 표현

진동이는 부산에 있는 사촌형 집에 가서 형이랑 수영도 하고 모래성도 쌓으면서 놀았어요. 진동이는 사촌형이랑 놀면서 즐거울 때 어떻게 말할까요?

표현하기

우와, 신난다.
아이, 즐거워라.
아이, 재밌어.

미현이는 운동회 때 공을 던져 바구니를 터뜨리는 시합을 했는데 미현이네 팀이 먼저 터뜨렸어요. 미현이는 운동회를 하며 즐거울 때 어떻게 말할까요?

표현하기

우와, 신난다.
아이, 재밌어.
우와, 우리 팀이 이겼다.

지겹다 재미없고 싫음

줄거리 우석이가 국어 시간에 수업이 너무 지겨워서 꾸벅 졸았다. 그것을 본 선생님께서 우석이에게 뒤에 가서 서 있으라고 하셨다.

질문

① **누가** 수업 시간에 졸았나요?

② 선생님은 우석이한테 **어떻게** 하라고 했나요?

③ 우석이는 **무엇이** 지겨워서 졸았나요?

줄거리 원규의 형은 일요일 오후마다 원규에게 자전거를 태워 주었다. 원규는 처음에 탈 땐 괜찮았는데 계속 자전거만 타고 노니까 지겨웠다.

질문

① **누가** 원규한테 자전거를 태워 줬나요?

② 원규는 **언제** 자전거를 탔나요?

③ 원규는 자전거 타는 것이 **왜** 지겨웠나요?

줄거리 지우가 어머니를 따라서 미용실에 갔다. 그런데 어머니께서 파마를 하느라고 시간이 오래 걸리자 지우는 기다리는 게 지겨웠다.

질문

① 지우는 **누구를** 따라 미용실에 갔나요?

② 지우의 엄마는 미용실에서 **무엇을** 했나요?

③ 지우는 미용실에서 **왜** 지겨웠나요?

줄거리 희찬이 어머니께서 희찬이에게 숙제를 다 하고 나서 놀라고 하셨다. 희찬이는 두 시간 동안 계속 숙제만 하고 있으려니까 너무 지겨웠다.

질문

① **누가** 희찬이한테 숙제를 하라고 했나요?

② 희찬이는 **얼마 동안** 숙제를 했나요?

③ 희찬이는 **왜** 지겨웠나요?

줄거리 여름 장마철에 일주일 내내 비가 내렸다. 영민이는 계속 비가 와서 집안에서만 노는 것이 너무 지겨웠다. 영민이는 어서 장마가 끝나고 화창하게 해가 떴으면 좋겠다는 생각이 들었다.

질문

① **얼마 동안** 비가 계속 왔나요?

② **언제** 비가 계속 왔나요?

③ 영민이는 **어떤 마음이** 들어서 화창하게 해가 떴으면 좋겠다고 생각했나요?

줄거리 우창이는 방학이 되자 내내 집에서 놀며 지냈다. 학교에 다닐 때는 숙제가 많아서 바빴는데 방학이 되니 할 것도 없고 한가하였다. 계속 그렇게 놀기만 하니 너무 지겨워서 빨리 다시 학교에 가고 싶어졌다.

질문

① **누가** 방학을 했나요?

② 우창이는 방학 때 **어떻게** 지냈나요?

③ 우창이는 **어떤 마음이** 들어서 빨리 학교에 가고 싶어졌나요?

바꾸어 쓸 수 있는 표현

우석이는 국어 시간에 수업이 지루해서 꾸벅꾸벅 졸았어요. 우석이는 수업이 지겨울 때 어떻게 말할까요?

표현하기

아휴, 졸려.
아휴, 지겨워.
아휴, 지루해.

원규 형이 원규한테 자전거를 태워 줬어요. 원규는 처음에는 괜찮았는데 계속 자전거만 타고 노니까 싫증이 났어요. 원규는 자전거 타는 것이 지겨울 때 어떻게 말할까요?

표현하기

아휴, 지겨워.
아휴, 싫증 나.
형, 이제 자전거 안 탈래.

바꾸어 쓸 수 있는 표현

지우가 엄마를 따라 미용실에 갔는데 엄마가 파마를 하느라고 시간이 오래 걸려요. 지우는 기다리는 게 지겨울 때 어떻게 말할까요?

표현하기

아휴, 지겨워.
엄마, 지루해.
이제 엄마랑 미용실에 안 올 거야.

희찬이는 두 시간 동안 계속 숙제만 했더니 이제는 더 이상 숙제를 하고 싶지 않았어요. 희찬이는 숙제만 해서 지겨울 때 어떻게 말할까요?

표현하기

아휴, 지겨워.
엄마, 잠깐 밖에 놀러 가도 돼요?
아휴, 숙제가 왜 이렇게 많은 거야. 끝이 없네.

짜증 나다 마음에 꼭 맞지 않아서 발칵 화가 남

줄거리 주혜가 새 옷을 입고 친구들에게 보여 주려고 나갔다. 그런데 지나가던 자동차가 물을 튀겨 새 옷을 더럽혀서 짜증이 났다.

질문

① 주혜는 **무엇을** 하러 밖에 나갔나요?

② 자동차가 지나가면서 주혜의 옷을 **어떻게** 했나요?

③ 주혜는 **왜** 짜증이 났나요?

줄거리 엄마가 새로 산 책을 고양이가 찢어 놓았다. 찢긴 책을 보고 엄마는 너무 짜증이 나서 고양이를 혼내고 마당으로 내쫓아 버렸다.

질문

① **누가** 엄마의 책을 찢어 버렸나요?

② 엄마는 고양이를 **어떻게** 했나요?

③ 엄마는 **왜** 짜증이 났나요?

줄거리 쉬는 시간에 반장이 아이들에게 간식을 나누어 주었는데 찬희가 잠깐 화장실 간 사이 짝 영조가 찬희의 간식까지 먹고 있었다. 찬희는 자기 간식을 먹고 있는 영조를 보자 짜증이 났다.

질문

① 반장은 아이들한테 **무엇을** 나눠 줬나요?

② 영조는 찬희 간식을 **어떻게** 했나요?

③ 찬희는 **왜** 짜증이 났나요?

줄거리 1학년 1반 아이들이 봄맞이 대청소를 하였는데 명준이는 요리조리 피해 다니며 놀기만 하였다. 한솔이는 청소를 하지 않고 놀기만 하는 명준이 때문에 짜증이 났다.

질문

① 아이들은 **무엇을** 했나요?

② 명준이는 아이들이 청소할 때 **어떻게** 했나요?

③ 한솔이는 **왜** 짜증이 났나요?

줄거리 보혜는 텔레비전을 보고 싶은 마음에 저녁을 먹지 않으려고 하였다. 하지만 어머니께서 저녁을 먹지 않으면 텔레비전을 볼 수 없다고 하셨다. 그래서 보혜는 어쩔 수 없이 저녁을 다 먹고 나서 텔레비전을 보러 갔는데 보려던 만화가 끝나 버려서 너무 짜증이 났다.

질문

① 보혜는 **무엇을** 보고 싶었나요?

② 엄마는 보혜가 저녁을 안 먹으려고 하자 보혜한테 **뭐라고** 했나요?

③ 텔레비전을 보러 갔을 때 보려던 만화가 끝나 버려서 보혜는 **어떤 마음이** 들었나요?

줄거리 준호는 가족과 함께 숲속의 펜션으로 여행을 갔는데 공기도 맑고 시원했다. 그런데 모기들이 계속 준호만 물어서 너무 짜증이 났다. 준호는 모기를 잡으려고 했지만 잡을 수가 없자 모기약을 가져와서 뿌렸다.

질문

① 준호는 가족하고 **어디에** 갔나요?

② 숲속에는 **무엇이** 많았나요?

③ 준호는 모기가 자기만 물어서 **어떤 마음이** 들었나요?

3단계 바꾸어 쓸 수 있는 표현

주혜는 새 옷을 입고 친구들한테 보여 주러 나갔는데 지나가던 자동차가 물을 튀겨서 옷을 다 버렸어요. 주혜는 새 옷이 더러워져서 짜증 날 때 어떻게 말할까요?

표현하기

아휴, 짜증나.
아휴, 이게 뭐야?
아휴, 신경질 나. 이거 새 옷인데.

엄마가 새로 산 책을 고양이가 다 찢어 놓았어요. 엄마는 고양이가 새 책을 찢어 놓아서 짜증날 때 어떻게 말할까요?

표현하기

아휴, 짜증나.
아휴, 이게 뭐야?
아휴, 신경질 나. 이거 새 책인데.

반장이 아이들한테 간식을 나눠 줬는데 영조는 짝인 찬희가 잠깐 없는 동안 찬희 간식까지 먹고 있었어요. 찬희는 영조가 자기 간식까지 먹어 버려 짜증날 때 어떻게 말할까요?

표현하기

아휴, 짜증나.
아휴, 욕심쟁이 같으니라구!
아휴, 신경질 나. 내 걸 왜 네가 먹어.

1학년 1반 아이들이 봄맞이 대청소를 했는데 명준이는 빈둥빈둥 놀기만 했어요. 한솔이는 청소를 하지 않고 놀기만 하는 명준이한테 짜증날 때 어떻게 말할까요?

표현하기

아휴, 짜증나.
아휴, 신경질 나.
아휴, 정말 얄미워.

1단계

행복하다 생활에서 충분한 만족과 기쁨을 느끼어 흐뭇함

줄거리 도현이의 아버지께서 어제는 일찍 퇴근하셔서 가족들과 식사도 하시고 도현이와 함께 보드게임도 하셨다. 도현이는 아버지께서 일찍 오셔서 놀아 주시니까 매우 행복하였다.

질문

① 아빠는 도현이하고 **무엇을** 했나요?

② 도현이의 아빠는 **언제** 일찍 퇴근했나요?

③ 도현이는 **왜** 행복했나요?

줄거리 재근이가 학교에서 '착한 어린이' 상을 받아 오자 어머니께서 칭찬을 하시며 피자를 사 주셨다. 재근이는 상도 받고 좋아하는 피자도 먹어서 무척 행복하였다.

질문

① 재근이는 **무엇을** 받았나요?

② 엄마는 상을 받은 재근이한테 **어떻게** 해 줬나요?

③ 재근이는 **왜** 행복했나요?

줄거리 연아는 국가 대표 피겨스케이팅 선수로 올림픽에 참가해 금메달을 땄다. 연아는 메달을 목에 걸고 애국가를 불렀는데 정말 행복해서 눈물이 저절로 나왔다.

질문

① 연아는 **무슨** 선수인가요?

② 올림픽에서 연아는 **어떤** 메달을 땄나요?

③ 연아는 **왜** 행복했나요?

줄거리 어버이날, 은정이가 어머니께 카네이션을 달아 드렸다. 어머니께서는 어린 은정이가 "엄마 고마워요."라고 하며 카네이션을 달아 주어서 무척 행복하였다.

질문

① 은정이는 엄마한테 **무엇을** 달아 드렸나요?

② 은정이는 **언제** 엄마한테 카네이션을 달아 드렸나요?

③ 엄마는 **왜** 행복했나요?

줄거리 오늘은 효은이의 생일이라 친구들이 교실을 풍선으로 장식하고 선물도 준비하였다. 효은이는 선물을 받고 케이크의 촛불을 끄면서 '앞으로도 좋은 일만 생겼으면 좋겠다.'고 소원을 빌었다. 효은이는 친구들이 생일 파티를 열어 주어서 정말 행복하였다.

질문

① 오늘은 **무슨** 날인가요?

② 효은이는 촛불을 끄면서 **어떤** 소원을 빌었나요?

③ 효은이는 친구들이 생일 파티를 열어 줘서 **어떤 마음이** 들었나요?

줄거리 세윤이네는 지난달에 넓은 집으로 이사를 하였다. 가전제품은 물론 커다란 가구까지 모두 트럭에 싣고 새 집으로 짐을 옮겼다. 물건을 옮기는 일은 힘들었지만 세윤이는 멋진 자기 방이 생겨서 매우 행복하였다.

질문

① 세윤이네는 지난달에 **무엇을** 했나요?

② 세윤이는 새 집으로 이사해서 **무엇이** 생겼나요?

③ 세윤이는 새 집에 멋진 자기 방이 생겨서 **어떤 마음이** 들었나요?

3단계 바꾸어 쓸 수 있는 표현

도현이 아빠가 일찍 퇴근하셔서 가족들하고 식사도 하시고 도현이랑 보드게임도 하면서 놀아 줬어요. 도현이는 아빠가 일찍 와서 행복할 때 어떻게 말할까요?

표현하기

아이, 행복해.
아빠, 저랑 같이 놀아줘서 감사합니다.
아이, 좋아라. 아빠가 매일매일 일찍 오셨으면 좋겠다.

재근이가 오늘 학교에서 '착한 어린이' 상을 받았어요. 그래서 엄마한테 칭찬도 받고 피자도 먹어서 행복할 때 재근이는 어떻게 말할까요?

표현하기

아이, 기쁘다.
아이, 행복해.
아이, 오늘은 정말 기분 좋은 날이야.

바꾸어 쓸 수 있는 표현

연아가 대한민국 피겨스케이팅 국가 대표 선수로 올림픽에 참가해서 금메달을 땄어요. 연아는 금메달을 따서 행복할 때 어떻게 말할까요?

표현하기

아이, 행복해.
아이, 기쁘다.
아이, 좋아라. 내가 1등을 하다니.

어버이날, 은정이가 엄마한테 카네이션을 달아 주며 고맙다고 말했어요. 엄마는 그런 은정이 덕분에 행복한 마음이 들 때 어떻게 말할까요?

표현하기

아이, 행복해.
은정아, 고마워.
우리 은정이가 참 기특하구나.

1단계

후회하다 이전의 잘못을 깨치고 뉘우침

줄거리 재동이는 뚱뚱한 친구를 '돼지'라고 놀리다가 크게 싸우는 바람에 선생님께 야단을 맞았다. 재동이는 벌을 서면서 친구를 '돼지'라고 놀린 것을 후회하였다.

질문

① 재동이는 **어떤** 친구를 '돼지'라고 놀렸나요?

② 선생님은 재동이를 **어떻게** 했나요?

③ 재동이는 **무엇을** 후회했나요?

줄거리 승우는 이웃집 벽에 낙서를 하다가 아주머니께 들켜서 혼났다. 승우는 벽의 낙서를 지우면서 자신의 행동을 후회하였다.

질문

① 승우는 **어디에** 낙서를 했나요?

② 승우는 아줌마한테 들켜서 **어떻게** 됐나요?

③ 승우는 **무엇을** 후회했나요?

줄거리 기범이는 어머니 몰래 학원에 가지 않고 게임방에 갔다 왔다. 어머니께서 그것을 아시고 기범이를 무척 혼내셔서 기범이는 어머니 몰래 학원에 안 간 게 후회되었다.

질문

① 기범이는 학원에 가지 않고 어디에 갔나요?

② 기범이가 집에 돌아왔을 때 엄마가 어떻게 했나요?

③ 기범이는 무엇을 후회했나요?

줄거리 영아가 화분을 깨뜨렸는데 어머니께 혼날까 봐 고양이가 깼다고 둘러댔다. 그런데 동생이 영아가 깼다고 말하는 바람에 어머니께 더 혼나서 거짓말한 게 후회되었다.

질문

① 누가 화분을 깨뜨렸나요?

② 영아는 화분을 깨뜨리고 어떻게 했나요?

③ 영아는 무엇을 후회했나요?

줄거리 영석이는 단 음식을 굉장히 좋아하는데 이 닦는 것은 싫어하였다. 어머니께서는 양치질을 하지 않고 자면 이가 썩는다고 하셨지만, 영석이는 들은 척도 하지 않고 매일 밤 그냥 잤다. 그러다가 결국 이가 썩어서 치과에 갔는데 치료하는 동안 너무 아팠다. 영석이는 그동안 양치질을 제대로 하지 않은 게 몹시 후회되었다.

질문

① 영석이는 **무엇을** 좋아하나요?

② 영석이는 단 것을 먹고 이를 닦지 않아서 **어떻게** 되었나요?

③ 영석이는 이가 썩어서 치료를 받는 동안 **어떤 마음이** 들었나요?

줄거리 종국이는 심심해서 동네 친구와 함께 나무를 모아 놓고 불장난을 하며 놀았다. 그러다가 불을 피워 놓은 채로 집으로 갔는데 그 불이 옆집으로 옮겨 붙었다. 종국이는 옆집에 불이 난 것을 보고 얼른 119에 신고를 했지만 집이 많이 타 버려서 불장난한 것이 무척 후회되었다.

질문

① 종국이는 심심해서 **무엇을** 하며 놀았나요?

② 종국이가 불을 제대로 끄지 않고 집에 가서 **어떻게** 됐나요?

③ 종국이는 옆집이 불에 타는 것을 보고 **어떤 마음이** 들었나요?

3단계

바꾸어 쓸 수 있는 표현

재동이는 뚱뚱한 친구를 돼지라고 놀리다가 선생님한테 야단을 맞았어요. 재동이는 친구를 놀린 게 후회될 때 어떻게 말할까요?

표현하기

선생님, 잘못했어요.
친구를 놀린 게 후회되네.
친구한테 미안하다고 사과해야겠어.

승우는 이웃집 벽에 낙서를 하다가 아줌마한테 들켜서 혼났어요. 승우는 낙서한 게 후회될 때 어떻게 말할까요?

표현하기

아줌마, 잘못했어요.
낙서하지 말 걸 후회되네.
아줌마, 낙서해서 죄송합니다.

3단계

바꾸어 쓸 수 있는 표현

기범이는 학원에 안 가고 게임방에서 놀다가 집에 왔는데 엄마가 그것을 알고 크게 혼냈어요. 기범이는 학원 안 간 게 후회될 때 어떻게 말할까요?

표현하기

학원에 안 간 게 후회되네.
학원에 갔다 올 걸 잘못했다.
엄마, 다시는 학원에 안 빠질게요.

영아가 화분을 깨뜨렸는데 고양이가 깼다고 거짓말을 했다가 나중에 엄마한테 더 많이 혼났어요. 영아는 거짓말한 게 후회될 때 어떻게 말할까요?

표현하기

엄마, 거짓말해서 죄송해요.
거짓말하지 말 걸 잘못했다.
사실대로 먼저 말할 걸 후회되네.

참고문헌

김은영(2004). 국어 감정동사 연구. 전남대학교 대학원 박사 논문.

김은영(2005). 현대 국어감정동사의 범위와 의미 특성에 대한 연구. 한국어 의미학, 16, 99-124.

박현옥, 이소현 (2001). 자폐아동의 '생각의 원리'의 발달 ― 정서 이해에 근거한 생각의 원리과제를 중심으로. 자폐성 장애연구, 2, 109-131.

Baron-Cohen, S., Leslie, A. M., & Frith, U.(1986). Does the autistic child have a "theory of mind"? *Cognition*, 21, 37-46.

메모

MEMO

메모

MEMO

메모
MEMO

메모
MEMO

저자 소개

신후남

대구대학교 언어치료학과 학사
대구대학교 재활과학대학원 언어치료학 석사
대구대학교 대학원 언어치료학 박사
전, 부산광역시 장애인종합복지관 의료재활과장
전, 동래종합사회복지관 언어치료 실장
현, 대림대학교 언어재활과 교수

황하정

대구대학교 언어치료학과 학사
대구대학교 재활과학대학원 언어치료학 석사
대구대학교 대학원 언어치료학 박사
전, 구미시장애인종합복지관 치료교육팀장
전, 참소중한언어치료센터 원장
현, 대구보건대학교 언어치료학과 교수

배현주

대구대학교 언어치료학과 학사
대구대학교 재활과학대학원 언어치료전공 석사
전, 경남 홍익재활병원 언어치료 실장
전, 경남 장애인협회 언어치료 실장
전, 박경숙아동발달센터 언어치료 실장
현, 누리언어발달센터 원장